デジタル化と地方自治

自治体DXと「新しい資本主義」の虚妄

岡田知弘・中山　徹
本多滝夫・平岡和久 著

自治体研究社

はじめに

　最近、アメリカ発の「チャットGPT」と言われる対話型AI（人工知能）が日本でも話題になっています。人と会話するように、何か尋ねると、瞬時にきれいな日本語の文章で回答を「生成」してくれるので、驚きです。

　社内の文書づくりやプレゼンテーションなどの業務用手段としていち早く「チャットGPT」を導入する大手企業もでてきています。また、気の早い政治家が、国会や中央省庁でも、残業時間を減らすためにも導入を検討すべきだといい、さっそく関係省庁会議「AI戦略チーム」が設置され、2023年4月24日に初会合を開いたという報道がなされています。

　それよりも早く4月20日に、神奈川県横須賀市が、試験的にということではありますが、自治体としては全国で初めて業務に「チャットGPT」を導入すると発表しました。広報文の作成や議事録の作成業務、新規事業のアイデアの創出などに、活用できるかどうか検討するそうです。その際、横須賀市長は、「表に職員に出ていただきたい、事務はすべてAI（人工知能）、ICT（情報通信技術）に任せるべきだと思う」と記者に答えたそうです（FNNプライムオンライン、2023年4月21日）。

　このような業務の効率化、人件費の削減、働き方改革につながるという歓迎の声に対して、疑問や批判の声もあがってきています。拳銃や爆弾といった凶器や、ウイルスソフトが誰にでもつくれるという問題がすでに指摘されています。京都大学の湊長博総長が、入学式で「チャットGPTでなく、自分の文章を練り上げて」と挨拶したことも

3

話題になりましたが、教育界ではレポートや論文作成にあたって、悪用されるのではないかという危惧が急速に広がっています。また、鳥取県の平井伸治知事は、答弁資料作成や予算編成、政策策定での使用禁止を発表しています。これらは、公務員が自分の頭でつくるべきだという考え方からです。

　実は、この「チャットGPT」は、オープンシステムであるため、世界中にある個人情報から国家、地方自治体の保有する情報を吸収し、それをもとに「回答」を作成していきます。このため、権力者による市民の監視手段や世論誘導手段としても活用できるものであるといえます。例えば、中国政府がいち早く通信事業者に対して「愛国」などの考え方を文章生成のなかに入れ込むべきだと指示したように、政治的に利用されやすい情報手段です。しかも、その情報のなかには、誤った情報や意図的なフェイク、さらに「当局」発表の情報が優先されている可能性もありますが、それをチェックし、排除する技術もありません（チャットGPTを国会で活用、「憲法の視点から問題が多いので議論を」──山本龍彦・慶應義塾大教授「読売新聞オンライン」2023年4月22日）。

　世界で最も厳格な個人情報保護ルールをもっているEUに属するイタリアでは、早くも個人情報の流出が懸念されるとして、「チャットGPT」利用禁止の法的措置をとっています。

　他方で、日本では、安倍晋三内閣、菅義偉内閣、そして岸田文雄内閣において、一貫して個人情報よりも、経済成長の手段としての「デジタル化」そして「DX（デジタル・トランスフォーメーション）」を最優先した政策が遂行されてきました。

　なかでも、菅内閣時代に新設されたデジタル庁が「デジタル社会」を実現するとして、コロナ禍に便乗して、一気に「自治体DX」をすすめようとしています。その重要なターゲットがマイナンバーカード

の普及であり、今や、健康保険証を事実上廃止して、すべてマイナンバーカードにしようという法案まで国会に提出するに及んでいます。マイナンバーカードについては、当初、総務省は個人情報が流出しないようにその扱いは極力慎重にすべきだという姿勢でしたが、デジタル庁は健康保険証をはじめ金融情報、介護保険情報等との一体化を図るために日常生活のさまざまな部面での活用を推進しているわけです。

　すでに、2017年度から21年度までの5年間にマイナンバー（カード）の紛失・漏洩事案は5万6000人を超えているだけでなく、マイナンバーカードによるコンビニエンスストアでの住民票発行システムで、誤交付事故も起きています（『全国商工新聞』2023年4月24日付）。いったん個人情報が漏洩したならば、「覆水盆に返らず」の状況が広がり、誰もがこの種の人権侵害問題に直面する可能性があるということです。

　ここで、多くの疑問が湧いてきます。

　なぜ、このような重大なリスクがあるにもかかわらず、政府はデジタル化にこだわり、地方自治体や私たちの生活も巻き込みながら、今それを急ぐのでしょうか。

　また、このデジタル化と岸田内閣のすすめる大規模軍拡、なかでも経済安全保障政策や、「サイバー特高」とも言われるサイバー警察の創設による「監視社会」づくりとは、どのように関係しているのでしょうか。

　さらに、岸田首相は、「新しい資本主義」で、地域活性化をすすめる手段として「デジタル田園都市国家構想」を掲げています。前内閣が推進した「スーパーシティ構想」の指定に加えて「デジタル田園健康特区」の指定も行いました。これらは、具体的に何をおこない、いま、どのような状況にあるのでしょうか。また、これによって地域は「活性化」するのでしょうか。

一方、政府がめざす「デジタル社会」は、行政手続きのオンライン化や自治体情報システムの標準化をすすめ、そこにある個人情報を「流通」させるためにマイナンバーカードの普及と多目的利用をすすめています。これによって、私たちの個人情報はどうなっていくのでしょうか。住民の視点から見た場合のデジタル化のあるべき姿はどのようなものなのでしょうか。

　そして、政府は、以上のようなデジタル化を推進するために、どのような予算の使い方をしているのでしょうか。地方交付税の算定根拠にマイナンバーカードの普及状況を反映させようとしていることに問題はないのでしょうか。自治体側から見て、デジタル化を進める政府予算のあり方には問題がないのでしょうか。

　総じて、政府は、私たちの基本的人権や生活を守り、福祉の向上を図るべき地方自治体をどのようにしていこうとしているのでしょうか。それによって地域はどのようになっていくのでしょうか。

　ヨーロッパでは、スペインのバルセロナ市のように、住民と自治体が個人情報を自分たちのものとしてとらえ、外部の企業や国家が勝手に利用することを拒絶する一方、情報技術を住民自治の幅を広げる手段として活用して住民参加型予算をつくるなど、情報主権あるいはデータ主権の確立をめざす自治体が広がっています。日本では、その展望はないのでしょうか。

　本書では、政府が推進するデジタル化（DX）と地方自治、住民生活をめぐる、これらの疑問点について、地域経済学、都市計画学、行政法学、地方財政学を専門とし、いずれも自治体の行財政政策を長年にわたって研究してきた4人の研究者が解明しています。

　まだまだ進行途上の政策であるため、すべてを追究、検討しつくしているわけではありませんが、現時点での主要な問題点について、自

治体現場の状況も念頭においてとらえることができているのではないかと思います。

　本書で出されている基本的論点は、今後、デジタル化のトップに立つ自治体だけでなく、全国の自治体に広がる可能性が大きいといえます。ぜひ、各地域で、デジタル化に焦点をおいて、自分たちの自治体の現状とあり方について議論し、そして何らかの行動をとっていただければと思います。本書がその際の参考になれば、幸甚です。

　2023 年春

著者を代表して

岡田知弘

目　次

デジタル化と地方自治
自治体 DX と「新しい資本主義」の虚妄

第1章

岸田政権の「新しい資本主義」論と経済安全保障・DX

岡田知弘

はじめに

　本章の課題は、岸田文雄政権が発足以来掲げている「新しい資本主義」という構想の全体像と変遷を検討したうえで、そこで新機軸として打ち出された「経済安全保障」政策が登場する背景や内実、矛盾、問題点、そして菅政権以来推進されている DX（デジタル・トランスフォーメーション）との関連について、明らかにするところにあります。

　それによって、本書全体を通して検討対象としている国や地方自治体のデジタル化、DX 化政策のねらいと、岸田政権が個別に打ち出している経済安全保障政策、デジタル田園都市国家構想、スーパーシティ構想や、安倍・菅政権以降続いている重要土地利用規制法の制定と施行、日本学術会議会員任命拒否問題を起点にした日本学術会議法改正問題、そしてさらに憲法改正問題との関連性が、より明確になると考えるからです。

　本章では、後の章で詳しく検証する個別政策や行財政政策に通底している、岸田政権下での「新しい資本主義」論の内実と、その核をな

す米日軍事同盟を前提にした「経済安全保障」政策の基本的問題について、憲法と地方自治の視点から総論的に検討してみたいと思います。

1　岸田政権の誕生と「新しい資本主義」論
──その批判的検証

⑴　2021 年自民党総裁選挙で打ち出した「新しい資本主義」論

　まず、岸田文雄首相が、2021 年の自由民主党総裁選挙時から打ち出し、政権構想とした「新しい資本主義」なるものについて、その全体像を確認したうえで、批判的に検証していきたいと思います。実は、岸田首相が語る「新しい資本主義」の内容は、当初の総裁選時点から現在に至るまで、不変なものではなく、かなり言説が変わってきていることに留意する必要があります。

　2021 年秋の自民党総裁選に立候補した時点では、岸田氏は「新自由主義から転換する必要がある」、あるいは「アベノミクスからの転換も必要である」と、かなり明確に述べていました。これは、『岸田ビジョン―分断から協調へ』（講談社、2021 年 10 月）でも書かれていた内容であり、同書では、格差の拡大や一国主義の台頭を指摘し、とりわけ「成長と分配の好循環を図っていく」ことを強調し、「トリクルダウンは起きなかった」とか、「未来永劫、『アベノミクス』でいいのか」とも述べていたのです[1]。

　ところが、総裁選挙では、安倍晋三元首相が後ろ盾になった高市早苗氏が、経済政策でアベノミクス、安保関連施策でも安倍路線を引き継ぐことを明確にして立候補し、急速に支持を拡大していきました。結局、国会議員票の 30% という、かなりの票を獲得することになります。最終的には、決選投票で岸田氏が当選することになりましたが、これは高市支持票の多くが岸田支持に回った結果であるとみられてい

ます。いわば、安倍グループの支持を得る形で自民党総裁＝首相の座に就こうとした岸田氏は、アベノミクス批判を弱め、口にしなくなっていきました。

　岸田氏が自民党総裁に当選して首相に就任し、高市氏を重用せざるを得ない状況になると、アベノミクス批判は消えてしまいます。口では"新自由主義から脱却し、新しい日本型資本主義の構築を目指す"と言ってはいるものの、新自由主義的な政策の批判はずっと後退していくことになるわけです。

⑵　財界の要望と合致―「新しい資本主義実現会議」の議事録から

　岸田首相は、政権発足後間もない 2021 年 10 月 15 日に、「新しい資本主義実現会議」（議長＝内閣総理大臣、構成員＝関係閣僚及び有識者）を政府部内に設置します。同会議では、一か月も経たない 11 月 8 日に「緊急提言〜未来を切り拓く『新しい資本主義』とその起動に向けて〜」を発表しますが、同会議の議事録をみると、大企業や IT 新興企業からの強い要求が目立ちます。[2] メンバーは安倍政権以後に設置された従来の「未来投資会議」や「成長戦略会議」と同様、「有識者」として日本経団連、経済同友会、日本商工会議所などの財界代表が参加して大きな発言力を持ち、意思決定方法もほぼ同じであり、大きな変化はありません。

　初回の会議（2021 年 10 月 26 日）では、経済同友会の桜田謙悟代表幹事が「総理が掲げておられる『新しい資本主義』は、新しい日本型資本主義と理解しており、事務局資料に目を通したが、大賛成」「（経済同友会も）新しい時代の官民の役割分担による日本ならではの資本主義モデルをめざしている」「まず、必要なことは、分配の原資を生み出すための企業の成長戦略」「企業が牽引する米国、国が牽引する中国、この 2 つの国とは異なる日本ならではの民間主導の持続的な成長実現

に向けて何よりも重要なことは、民間の成長エネルギーを最大化する官と民の役割連携。官と民の役割を再定義することが必要」などと述べています。安倍政権が掲げた"企業の成長が第一"を引き継ぎ、さらにこれまで以上の官による関与＝規制改革によって、儲ける企業を育成していくための支援策、「官と民の役割の再定義」を求めるという姿勢です。

　同じく財界代表の経団連の十倉雅和会長は「自由で活発な競争環境や、効率的な資源配分、イノベーションの創出など、資本主義・市場経済は、我が国の経済活動の大前提。しかし、我々はこれまでの資本主義の路線を見直す時期に来ていると考え、経団連ではサステナブルな資本主義を掲げた。われわれもサステイナブル（持続可能）な資本主義を掲げている」と述べ、エールを送っています。具体的には、以下の３点を強調しています。「まずは、成長が重要。経済のパイを拡大しなければ、分配政策には限界がある。ただし、シェアホルダーからマルチステークホルダー重視の時代の流れにあって、成長と分配はセットで議論すべき」「二点目は、成長に向けて取り組むべき課題は、自然環境・制度資本といった社会的共通資本の構築。政府による産業政策の重要性が増しているのは明らか」「DX・GXの推進は国内での投資になり、正に我が国の経済成長に直結する」、「三点目は、こうした課題は市場経済のみでは解決できない問題であり、パブリックセクター、政府の役割が極めて重要になるということである。グリーンディールに対する欧米の大規模な財政出動や、我が国のデジタル化の遅れなどを見れば、GX・DXの推進に向けて政府による産業政策の重要性が増している」。つまり、これまで以上に政府が産業政策に関与することを求めています。

　もう一つ注目したのは、新経済連盟（三木谷浩史〈楽天グループ会長〉代表理事）の代表格であるＺホールディングス（ヤフー株式会社

から移行）の川邊健太郎社長が、「民主主義を守るために資本主義をアップデートすることが重要。これはデジタル復興によって実現する。我々民間が復興の中心を担って進めるが、是非、政府にはDXプラス規制改革をセットで議論して後押しをお願いしたい。それによって、今の社会課題が解決されていくとともに、新たな中間層が創出される」と述べていることです。これは、DX、情報化を基盤にした資本主義は、政府の後押しや介入で初めて実現できるという国家依存的な認識を示した発言です。

　これらの発言からは、岸田政権の「新しい資本主義」論に対して、新旧財界があげて歓迎し、自らの要求を持ち込み、国のさらなる関与を求めている姿が浮かびあがってきます。そこには、アベノミクスや新自由主義的な経済政策を真に反省し、その根本的な改革を行おうという議論は見出せません。実際、アベノミクスの立案、推進主体は、首相の下に置かれた経済財政諮問会議であり、そこでの「骨太の方針」が経済財政政策や成長戦略の基本を定め、各省庁はそれに従うだけの体制をつくっており、そのなかで常に発言する機会が与えられたのが経団連や経済同友会の代表であり、その利益を代弁する「学識経験者」でした[3]。この「政財官抱合体制」と呼ぶべき構造はまったく変わっていないわけです。そして、これらの要求の基本は、"自立した資本主義"をめざすものでもなく、国家が強力に介入し、民間企業が主導して、情報技術に基盤を置きながら、「社会的課題」に挑戦し、それが「経済成長」のバネになるよう特定の産業や企業を育成することにあるといえます。

⑶　政府資料にみる「新しい資本主義」のイメージ
―従来の「成長戦略」と変わらず

　その政策イメージとして示されたのが、「新しい資本主義実現会議」

成長と分配の好循環のイメージ

収益増、所得増、歳入増

〈成長力強化・生産性向上〉
経済財政政策

- ○**科学技術立国**（世界最高水準の研究環境を形成、デジタル新技術・クリーンエネルギー技術の実装）、起業・スタートアップ促進
- ○**デジタル化による地方活性化**（デジタル新技術の実装、農林水産業の成長産業化、観光産業の復活）
- ○経済安全保障
- ○**成長分野の投資強化**（デジタル、カーボンニュートラル）、減災・防災、国土強靱化
- ○**デフレ脱却の実現**（貯蓄から投資へ、高い潜在成長率の実現）
- ○規制・制度改革

〈次の成長に向けた分配〉
経済財政政策

- ○**分厚い中間層の構築**（看護・介護・保育等の現場で働く方々の**賃金・所得引き上げ**等を通じた、旺盛な消費を次の成長につなげるサイクル構築）
- ○**政府の機能強化**（教育費等の子供・子育て支援、**格差の固定化防止**、大企業と中小企業の共存共栄の環境整備（下請け取引への監視強化））
- ○**安全・安心を消費へ**（勤労者皆保険の実現など全世代型社会保障の構築、持続可能な社会保障）

〈成長力強化・生産性向上〉
企業経営・社会の再構築

- ○**「稼ぐ力」の強化による民間主導の成長**（生産性向上を通じた国際競争に打ち勝つ産業の創出、コストカット重視の経営から付加価値創造型へ、事業再編も含めた経営・事業体制の大胆な改革、ウィズコロナの事業再構築）
- ○**「人」重視の経営**

〈次の成長に向けた分配〉
企業経営・社会の再構築

- ○**「三方良し」のステークホルダー重視**（賃金・所得引き上げによる民間における分配、働く人や中小・下請け企業への配慮）
- ○**人への投資**、職業訓練・雇用慣行の見直しによる**主体的なキャリアアップ**の促進
- ○**女性・若者**などの活躍、**フリーランス**、**非正規**等の待遇改善

成長…分配の原資を稼ぎだす

分配…次の成長につなげる

需要増（投資・消費）、成長力強化

市場が十分に機能する環境の整備
○**競争政策の強化**、新規参入促進、過当競争脱却 ○**企業経営の見える化**（利益だけではない企業価値の測り方）を通じた市場の評価

持続可能な社会の実現
○**SDGs**などの地球規模問題への対応 ○**人口**が急減する**地方の活性化**（都市との連携強化等）

図1-1　新しい資本主義実現会議で示された「成長と分配の好循環のイメージ」

出所：「新しい資本主義実現会議」第1回会議に提出された政府側提出資料（論点）、2021年10月26日。

（第1回）に政府側から提出された資料「新しい資本主義の実現に向けて（論点）」にある「成長と分配の好循環のイメージ」です（図1-1）。左側を「成長」、右側を「分配」とし、これらがつながって循環していくというイメージ図です。経済学的には、「生産」と「分配」が対概念です。本来「成長」は「生産」とすべきですが、あえて「成長」と言い換えています。これまでの「成長戦略」の政府文書でもこの言い換えがずっとなされてきたのですが、実はこれが岸田政権の経済政策を検討する上でのポイントの一つになっています。

　生産された経済的価値が分配されていくというのは経済の再生産のためには当然のことですが、それを「成長」として表現して、対前年比で付加価値を高めていけば収益が増えて所得も増え、公財政の歳入も増えていくというのが図の上の左から右に向けた矢印のラインです。これが「分配」につながって、下のラインで右から左に矢印が向いているように、需要（投資・消費）が増え、「成長力」もさらに強化されていくだろうという循環図です。しかし、「生産」は、拡大もしますし、縮小もします。現在は、縮小再生産の局面が続いているともいえます。それでも、分配はされていますし、必要不可欠な活動です。ところが、この概念図では、「成長力強化」に重点を置いて経済循環をすすめようというもので、成長力を強化しないと、分配は増えないという考え方に基づいています。そうなると、これまでの「成長戦略」路線と何も変わらないことになります。

　さらにこの図を細かくみていきましょう。「成長力強化」の分野としては「科学技術立国」「デジタル化による地方活性化」「経済安全保障」「成長分野（デジタル、カーボンニュートラル、減災・防災、国土強靭化）の投資強化」、そして「デフレ脱却の実現」「規制・制度改革」がターゲットとされています。これらは、「経済安全保障」を除くと、すべて安倍・菅政権下の成長戦略で言われていたことであり、経

団連などが要求していた内容です。

　「分配」では、「分厚い中間層の構築」として、賃金・所得の引き上げを看護・介護・保育等の現場で働く人たちに対して実施するとしています。「政府の機能強化」として、たとえば中小企業と大企業の共存共栄の環境整備を図るために下請取引への監視強化を図るといったこともあげていますが、これらも目新しいものではなく、現在の構造的格差やそれがもたらす事態を根本的に解決することを意図したものではありません。中小企業支援も、これまでと同じように生産性を上昇させるための投資をする企業に助成するというだけです。「最低賃金の経済状況に応じた引き上げ」という項目もありますが、「より早期に全国加重平均千円とすることを目指す」に止まっています。結局これまでの「成長戦略」と変わらないというのが本質的特徴で、それをいかにも"新しい資本主義像"であるとみせようとしているわけです。

⑷　"新しさ"を強調せざるを得ない疲弊の広がり

　では、なぜ、あえて「新しい資本主義」という言い方を岸田政権が打ち出したのでしょうか。私は、なんらかの"新しさ"を打ち出さざるを得ない深刻な事態が広がっていることを自覚したからだと思っています。しかも、それらは、基本的には、これまでの新自由主義的な政策の累積やアベノミクスがもたらしたものです。特にコロナ禍で保健所が機能しない、自治体行政が混乱してしまう、医療福祉体制が崩れてしまうという事態が全国で生じましたが、その根因は新自由主義的な地方行財政改革にあったことは明らかです。感染者が集中した首都圏と大阪府はとくに深刻で、死亡者が人口比でも他地域よりかなり多くなりました。特に大阪府の医療崩壊は酷く、死亡者数が東京都を上回るという異常事態となりました。さらに、コロナ禍のもとで女性の雇用が急速に失われ、若い女性も含めて自殺者が増えるという、か

22

つてない事態も生じています。[4]

　これは、コロナ前からの新自由主義的な改革で公務員の削減、公共部門の業務縮小がおこなわれてきた結果であり、とりわけ大阪維新政治が長く続く大阪府で、その弊害が顕著にあらわれたとみることができます。そうした情況では、岸田首相はとくに自民党総裁選挙に際して "新自由主義的改革・アベノミクスを引き継ぐ" とはとても言えなかったといえます。逆に、何かしらの新しい対応策を打ち出す、少なくともそうみせることで、自民党内及び国民の支持を期待したといえます。

⑸　"まずは成長" に重点を移す

　2022年1月17日の初めての施政方針演説で、岸田首相は「経済再生の要は『新しい資本主義』の実現」にあるとし、「市場に任せれば全てがうまくいくという、新自由主義的な考え方が生んだ、さまざまな弊害を乗り越え（る）」と述べました。言葉としては「格差や貧困の拡大」「中期的投資の不足」「持続可能性の喪失」「都市と地方の格差」「気候変動問題」「中間層の衰退」「健全な民主主義の危機」を個別に並べ、なんらかの「弊害」があったことは事実として認めています。しかし、演説の論旨を追うと、自らやるべきことは「弊害を乗り越える」ことであり、まず「成長」、そして「成長と分配の好循環」という論理構成になっていることがわかります。ここで注意しておかなければならないのは、新自由主義的な考え方そのものに関しては口にせず、何らの反省もしていないことです。

　2021年10月末の総選挙では、多くの野党が "分配が先だ" というスタンスを取りましたが、唯一 "成長こそ大事だ" といった日本維新の会（以下、維新）が議席を11議席から41議席に大きく伸ばす結果になりました。維新は大阪府（比例得票率42.5%）など近畿圏（同20

％超）だけでなく、東京都（同 13.3％）などでも得票をかなり伸ばしています。その要因の一つに中堅エリート層が「成長」を支持したという分析もあります。おそらく岸田政権は、そうした状況をみて、いっそう〝まずは成長〟というスタンスにシフトしてきたのではないかと思います。[5]

⑹ 「成長」施策の中身を検証する

　施政方針演説と 2022 年度予算で、とりわけ重視されていたのが、デジタル化です。地方施策では「デジタル田園都市国家構想」なるものが打ち出されましたが、これは岸田氏が所属する派閥「宏池会」の大先輩である大平正芳氏が首相のときに打ち出した「田園都市国家構想」を引き継ぎながら、アベノミクスを背景に菅政権が進めた DX を結合したもので、保守的な思想との結合を図ろうとする意図がわかりやすく表現されています。10 兆円の「大学ファンド」をつくって資金獲得競争をさせる施策も打ち出されました。相変わらず、補助金誘導、「選択と集中」による大規模投資、大阪万博などのイベント開催で、特定の産業や大学だけを優遇する政策です。

　唯一、菅政権の「成長戦略」との明確な違いは、戦略の一環として「経済安全保障」の項目を立てた点です。岸田政権は、2022 年度予算で軍事費を過去最大規模にまで拡大したうえで、「安保 3 文書」の改訂と合わせて、23 年度予算以降 5 年間で GDP 比 2％ へと倍増することを対米公約で公言し、いっそう危険な方向に進んでいるとみなければなりません。

　「分配」にも一応触れていますが、賃上げ税制等をみても、実質的にその対象となるのは一部の大企業や特定分野であって、全体を持続的に底上げしようというものではありません。税と社会保障をめぐっても、本来、ヨーロッパでおこなわれているように、中小企業の社会保

険料負担への公的助成や消費税減税という賃上げの余力を生み出すような政策こそ求められているのですが、そうした野党の提案を岸田政権は前政権から引き継いで一貫して拒否しています。逆に、零細な事業者を廃業に追い込むことになりかねないと、各地の商工会議所・商工会からも大きな反発が出ている消費税インボイス制度の導入を強行しようとしています。コロナ前に決めたものをただ漫然と持ち出しているだけで、政策の硬直性がはっきりと出てきています。

　所得政策の面でも、「人への投資」と言っていますが、非正規雇用の増大傾向を止める政策は示されていません。「中間層を分厚く」と言いますが、年収 200 万円以下の勤労者や貯金ゼロ世帯が増え続けていることに対し、それを止めて底上げをしていこうといった観点はみられません。

　岸田政権の諸施策には、当初岸田氏自身が「岸田ビジョン」で強調していた「新自由主義的な政策からの転換」を図るための明確な施策はみあたりません。少なくとも 2022 年夏の参院選までは自民党内での対立も、野党との対決もできるだけ避けて、軟着陸で参院選に勝利する。そうすれば安定政権の可能性も出てくる。当面そこをめざした政権運営をしたといえます。無難に乗り切っていこうという姿勢ですから、「新しい資本主義」と言ってみても、新味のない焼き直し的な政策ばかりになっていったといえます。

⑺　「分配」の言葉も消える

　しかも、序章で述べたように、安倍元首相が銃殺された直後の 2022 年夏の参議院選挙で勝利し、「黄金の 3 年」を迎えるはずであった政局は、銃殺の背後に「旧統一教会」と自民党、とりわけ安倍元首相とののっぴきならない関係があることが明確となり、岸田首相がそれに対して真摯に向き合わないなかで安倍氏の「国葬」を強行したことに対

して、国民の反発が一気に広がりました。そのため内閣支持率が急降下し、複数のマスコミで不支持率が上回る事態となりました。その結果、2022年10月冒頭の臨時国会での岸田首相による所信表明演説は、極めて歯切れの悪いものとなりました。そこでは、「新しい資本主義」に関わる演説から、「分配」という言葉が消え、「物価高」が頻出することになっているのです。しかし、そもそも円安による輸入品を中心とする「物価高」は、大幅金融緩和を行ってきたアベノミクスによるものであり、そこからの転換なしに解決できない問題です。マイナス金利政策に固執した黒田東彦日銀総裁についても、任期満了まで更迭できなかった点に、岸田首相のいう「新しい資本主義」の限界があるといえます。

⑻ 「安保3文書」の大幅改定と経済安全保障中心の「成長戦略」への転換

　2023年1月23日の通常国会での岸田首相による施政方針演説では、「新しい資本主義」の内容がさらに変わりました。岸田政権は、22年12月16日に、いわゆる「安保3文書」（「国家安全保障戦略」、「国家防衛戦略」、「防衛力整備計画」）の大幅改訂を、閣議決定しました。その内容は、敵基地攻撃能力の保持をめざすとともに、「防衛費」を5年間で43兆円まで膨張させるものであり、集団的自衛権の行使等を容認した安保法制を一歩進めた、憲法9条違反の閣議決定であるといえます。これにより、「専守防衛」の一線を越えて、米国との共同の戦争行為に参加することを表明したことになります。そうなれば、相手国からの反撃も、当然、予想される危険な事態に突入しつつあるといえます。

　さらに、新「国家安全保障戦略」では、従来の狭い意味での防衛力増強に留まらず、経済安全保障、サイバー、海洋、宇宙、エネルギー、

食料など、「安全保障」の対象を大きく広げ、それらを政府主導で推進する体制を強化しようとしている点に大きな特徴があります。

安倍政権でさえ踏み込めなかった領域に、岸田政権が足を踏み入れたことによって、政府による狭義の軍事的安全保障政策だけでなく、広義の「経済安全保障」政策や国と地方自治体の関係も、「戦争ができる国」へと大きく変更される動きが強まってきているといえます。それは、2023年の施政方針演説からも読み取ることができます。

第1に、ロシアによるウクライナ侵略を機に、東アジア情勢も緊張を高めている「歴史の転換点」という認識を示し、「防衛力の抜本的強化」（5年間で43兆円の防衛費と「反撃能力」の保持、毎年4兆円の財源確保）を行う必要があると主張しています。

第2に、「新しい資本主義」でトップに来たのは、「分配」でもなく、「社会的課題の解決」でもなく、「経済安全保障」でした。これが岸田政権の最大の特徴であるといえます。具体的には、「労働コストや生産コストの安さのみを求めるのではなく、重要物資や重要技術を守り、強靭なサプライチェーンを維持する経済モデル」を実現するとしています。

第3に、気候変動問題や格差問題などについて指摘します。これらは、従来の経済システムが生み出した負の側面である社会的課題であるとし、それらを「乗り越えるための経済モデル」を提示しています。

第4に、「成長」のターゲットは、GX（グリーントランスフォーメーション）とDXに定め、前者では原発再稼働や新増設、さらに60年以上の老朽炉の運転も認めるとしています。さらに、労働力の産業間の移動を促すために、これらの「成長」産業を担う人材を「リスキリング」で養成すると述べています。

この演説内容をみる限り、コロナ禍における地域経済、中小企業経営、雇用の実態や従来の政策の検証をせずに、「新しい」という形容詞

をつけているだけという印象です。「地域活性化」についても、デジタル化一本槍の「デジタル田園都市国家構想」を強調していますが、果たして、そのような「成長」政策で、地域は「活性化」するのでしょうか。

⑼　経済安保・DX化・GX化で、地域経済は「活性化」し、住民生活は向上するのか

　岸田政権が「成長部門」として期待をかけているのは、経済安全保障がらみの防衛産業、DX化、GX化の関連市場であるといえます。しかし、地域の中小企業は、これらの部門に参入することが難しく、内外大企業群が、その巨大市場をねらっているといえます。

　とりわけ、岸田政権は、発足当初から「デジタル田園都市国家構想」を地域活性化の決定打として位置づけています。同構想の詳細については、第2章で検討することになります。ここでは、地域経済学の視点から、本当に現代のデジタル化が地域活性化に結びつくものなのかどうかについて批判的にみておきたいと思います。これまでの政府文書をみている限り、なぜデジタル田園都市国家構想によって地域が活性化するのかということについては、何の説明もありません。地域経済研究者の関心は、デジタル化によってどういう企業が受注し、いかなる経済波及効果が生まれるかという点にあります。

　それに関して、2018年度に会計検査院から非常に興味深い検査報告がなされています（『日本経済新聞』2021年5月26日）。中央省庁が発注した情報システムの7割が1社のみの応札だったというのです。つまり事実上の単独の随意契約です。政府はデジタル庁をつくってデジタル化を地方自治体、民間まで進めていこうとしていますが、そこでも競争が働かず事実上の随意契約となり大手デジタル関連企業間で利益が分配されていくことになりかねません。

実際、DX をすすめる中心部隊であるデジタル庁職員の２割は民間企業からの出向や副業社員にするとしています。これは非常に大きな問題です。副業社員は自社あるいは自社に居ながらデジタル庁のシステムに入って仕事をするわけですから、それが特定企業の利害とつながらない保障はどこにもありません。デジタル庁を通して、官民癒着の構造が地方自治体にまで拡大する恐れがあります。これは個人情報の漏えい問題とともに、現実的にすぐに起こりうることです。

　菅政権時代に、自治体が情報システム調達を広域連携して標準化をはかり、大規模投資をおこなう場合に助成するしくみがつくられました[8)]。これまでは自治体の情報システム分野でもハード調達でもソフトやメンテナンスでも地元企業がそれなりに参入できたのですが、広域連携による標準化が進めば、外資系を含めた大手企業の独占となるのは目に見えています。

　最近マスコミなどで「IT ゼネコン」という言葉を聞くようになりましたが、言い得て妙です。かつてはダム、道路などのインフラや都市開発などの公共事業に多額の税金が注ぎ込まれ、建設業の「ゼネコン」が仕事や利益の分配だけでなく中央、地方政治に強い影響力を持っていました。しかし、「行革」や市町村合併のもとで、ハード面での公共事業は縮小されていきました。それにとってかわったのが情報産業だというたとえです。

　実際、多くの予算が情報システムにシフトしてきています。建設業以上に東京に本社を置く資本や海外資本の大手企業が直接入ってきて、税金を原資としてシステム設計から導入、日々のメンテナンス活動を通して地域外に所得を移転させていきます。これでは、地方の地域が「活性化」するはずはありません。

　また自治体ごとに「最高デジタル責任者（CDO）」と称されるデジタル化の責任者の配置が総務省によって求められていますが、ほとん

どの場合、東京本社の情報関連企業の社員が兼業や副業で出向する傾向にあるようです。政府は、これらの「デジタル人材確保」のための特別の財源措置を講じています。[9] 民間企業の社員に公務員と同様の権限を与え、その自治体の職員より高額の給与が支払われているとみられます。取引による利益相反のチェックや、守秘義務の遵守がどの程度まで担保されるのかも問題です。公務労働の視点からも、こうした国による地方自治体に対する DX の進め方に問題はないのか、検証する必要があります。

2 「新しい資本主義」の一環としての 経済安全保障政策とは何か

(1) 安全保障概念の拡張は 1970 年代から

前章でみたように、岸田政権の「新しい資本主義」論において、菅政権までになかった「目新しさ」は、「経済安全保障」という言葉、考え方が入ってきたことです。

通常、「安全保障」という概念は、日本では軍事的安全保障として使用されてきました。ただし、戦後日本の経済政策の流れを振りかえると、「総合安全保障」という考え方がでてきた時期がありました。それは、2 度のオイルショックや食料危機を経験した 1970 年代末からのことです。当時の大平正芳首相が主導するなかで、1980 年 12 月には、「経済、外交等の諸施策のうち安全保障の視点から総合性及び整合性を確保するうえで関係行政機関において調整を要するものについて協議するため、内閣に内閣官房長官、外務大臣、大蔵大臣、農林水産大臣、通商産業大臣、運輸大臣、防衛庁長官、経済企画庁長官及び科学技術庁長官を構成員とする総合安全保障関係閣僚会議が設置」されます。[10] そこでは、エネルギー危機、食料危機、そして首都直下地震をふ

くむ災害危機など、広い分野の議論がなされ、「総合安全保障」という概念が使用されることになりました[11]。他方、政府の政策研究としてだけでなく、市民運動や農民運動のなかでも、「エネルギー主権」や「食料主権」を求めるとりくみが広がりました。

　それから40年以上経過した現在、新型コロナウイルス感染症のパンデミックやロシアによるウクライナ侵略の影響で原油価格の高騰がさらにすすみ、中長期にわたってエネルギー不足が起こるとみられています。食料問題でも、旱魃（かんばつ）等にともなう不作の問題に穀物輸出国であるウクライナでの戦争被害もあって、穀物の供給が世界的に不安定になっています。国内では、アベノミクスの後遺症でもある円安傾向も手伝って、小麦や飼料そして食肉の価格をはじめ輸入品価格が跳ねあがっています。1970年代には物価高騰と不況の同時進行ということで「スタグフレーション」が問題になりましたが、今、このような危機が形を変えて再現されつつある局面ではないかと思います。

　そして、もうひとつ、現代では「情報主権」の危機も深刻化しています。それは、政府が進めるDX、デジタル化と深い関係があります。2020年1月1日、日米貿易協定と併せて日米デジタル貿易協定が発効しました。この協定には、「デジタル製品への関税賦課の禁止」「国境を越えるデータ（個人情報含む）の自由な移転」「コンピュータ関連設備を自国内に設置する要求の禁止」「政府によるソース・コードやアルゴリズムなどの移転（開示）要求の禁止」、そして「SNS等の双方向コンピュータ・サービスの提供者の損害責任からの免除」などからなる「一言でいえば、GAFAなどの巨大プラットフォーマー企業にとってより有利な条項」が盛り込まれているのです[12]。つまり、これらの情報独占企業によって、日本政府の主権も、基本的人権のコアをなす一人ひとりの国民の個人情報も蔑ろにされている状況にあるといえます。

⑵ 安倍政権下、首相官邸・北村滋国家安全保障局長主導で「経済安保」を推進

そうした事態に対して、本来であれば、国民の命と人権を守るために「エネルギー主権」、「食料主権」、そして「情報主権」が問われなければなりません。しかし岸田政権は、そのような主権の回復については、無関心な姿勢をとり続けています。むしろ、これまで通り、食料やエネルギー自給率は低めに抑えて、アメリカを中心とするアグリビジネスや石油メジャーなどの多国籍企業の市場を「保障」する構えであり、DX市場についてもアメリカの大手多国籍企業に市場開放を認める姿勢で貫かれています。

したがって、岸田政権下における「経済安全保障」政策の推進は、そうした問題意識から出発したものではなく、むしろ安倍政権以来の日米同盟強化と改憲を基軸においた軍事的な国家安全保障体制強化策の一環という側面が強いと見るべきでしょう[13]。

安倍政権は、2013年に国家安全保障法を制定し、NSS＝国家安全保障会議及びその事務局である国家安全保障局を設置します。同政権は、15年秋、多くの国民の反対にも拘わらず安保関連法を成立させ、これを土台にしながら新型コロナウイルスが広がる20年、内閣府国家安全保障局に経済安全保障の司令塔と位置づけられた経済班を設置します。

この国家安全保障局長として安倍・菅政権時代に最も頻繁に両首相と面談していたのが、警察庁で公安・外事畑を一貫して歩いてきた北村滋氏でした。氏には、2013年に、特定秘密保護法の制定に奔走したという実績があります[14]。北村氏の局長在任期間は、安倍政権下の19年9月から菅政権下の21年7月までです。

この北村氏が、特にこだわったのが経済安全保障でした。局長を退官した後のインタビューで、氏は経済班設置の意図を次のように話しています。「経済班発足の理由で1番大きいのは、平成30年にアメリ

カのペンス副大統領の対中演説というのがあったわけですよ。それで経済安全保障関係のさまざまな法制度の改正があった。そういうのを受けて令和元年に自民党の甘利さんの議員連盟から『NEC（国家経済会議）を設置しろ』みたいな背景があって。私は原体験的には警察庁の外事課で先端技術の流出を見てきて、『やらなきゃいけないな』という思いはあったので、その意味で2つの要素があったと思いますね」。北村氏のいう「原体験」は、2015年に「東芝」の子会社の元社員が、軍事転用が可能な半導体技術の機密情報を在日ロシア通商代表部の男に漏らし、現金100万円を受け取った事件でした。さらに北村氏は、近年、「AI＝人工知能など、先端技術が軍事に結びつく状況が広がって」おり、「人間の頭の中にある見えない知識が外国に流出し、軍事転用されていくことに恐怖を感じた」と述べています。[15]

　上記のインタビューのなかで、北村氏は、独自の安全保障観を語っています。彼は、安全保障には、「DIME」という4つの要素が必要だと語っています。

　Diplomacy（ディプロマシー＝外交）
　Intelligence（インテリジェンス＝情報収集・分析）
　Military（ミリタリー＝軍事）
　Economy（エコノミー＝経済）

　そして、このうち「日本はインテリジェンスと、エコノミーが欠けている」という認識になったといい、情報収集（諜報）と分析、経済安全保障に力を入れたと述べています。

　併せて注目したいのは、2022年春の通常国会に上程された経済安全保障法によって、「初めて経済安全保障の政策が始まるという論調が多いんだけど、違う。もう始まっているんだ。例えば、土地利用を規制する法律の改正など、経済安全保障関係の政策は打ってきている。今回の法律は、『経済安全保障大系』というものがあったとすると、その

一部と考えてもらった方がいい」と述べている点です[16]。

　さらに、別のインタビュー記事では、日本学術会議と中国の「千人計画」との関係について、日本学術会議が組織的に中国の軍事研究に加担しているかのように述べて、菅内閣による日本学術会議会員任命拒否問題を弁護していることも注目されます[17]。

　つまり、特定秘密保護法、経済安全保障法、重要土地利用規制法、日本学術会議会員任命拒否は、北村氏及びその提言を受けた安倍・菅政権の下では、一体のものとして考えられているということです。このように、軍事的な安全保障政策と経済安全保障、そして公安警察が一体化した流れがつくられてきているといってよいでしょう。ちなみに、北村氏は、退官後も、政府の「経済安全保障法制に関する有識者会議」の正式委員に任命されて、岸田政権の下で立場を変えて経済安保体制づくりに関わっています。

(3)　自民党・新国際経済秩序創造経済戦略本部の提言

　このように経済安全保障政策は、北村氏らの公安警察出身の官邸官僚が主導する形で形成されていきます。一方、与党・自民党の方は少し遅れて 2020 年 6 月に政務調査会（岸田文雄政調会長）のもとに新国際経済秩序創造経済戦略本部を設置します。責任者は前述の甘利明氏であり、氏が中心となって、官邸及び自民党の政策策定中枢部に働きかけを行ったことがわかります。そして同本部は早速、同年 9 月に中間まとめをおこない、12 月に菅義偉総裁＝総理に対して「経済安保を新しい国家安全保障戦略を改定して設けるべき」という「本提言」を出しています。

　この提言において、まず「世界各国においては、『国家安全保障戦略』の中に経済安全保障を位置づけるようになってきている一方で、わが国においては、国家の独立と生存及び繁栄を経済面から戦略的に

確保するとの問題意識は比較的希薄であり、そのような環境整備もできていない」という基本認識を示しています。そのうえで、「最近では国家の生存の基盤をなす分野が資源のみならず、特定の製造能力や技術、さらにはデジタルトランスフォーメーション（DX）が進む中でサイバー空間にまで広がっている。かかる状況において、国家の独立、生存及び繁栄を確保し、また、自由や民主主義、基本的人権の尊重といった普遍的価値やルールに基づく秩序を維持し、同盟国やこれらの規範を擁護しようとする同志国と連携していくためには、より高次の戦略的発想が必要とされる」と述べ、国家安全保障戦略を改定して、「経済安保」を盛り込むべきだと提言しています。[18]

　その経済安全保障政策づくりのモデルとして、同提言では、アメリカの 2017 年策定「国家安全保障戦略」をあげて、その第 2 章において「『経済安全保障は国家安全保障そのものである』との理念が明記され、その理念の下に、①国内経済の活性化、②自由かつ公正な互恵的経済関係の促進、③研究開発、技術、発明、革新の先導、④国家安全保障革新基盤の促進及び保護、⑤エネルギー優越性の確保という柱が置かれている」と指摘し、これが日本にとっても示唆に富むものであると特記しています。つまり、先の文章の「同盟国」であるアメリカの国家安全保障戦略をモデルにして、日本における経済安全保障を盛り込んだ国家安全保障戦略の修正を求めたのでした。

　そして、経済安全保障の定義を「わが国の独立と生存及び繁栄を経済面から確保すること」とし、経済安全保障戦略は、これを実現するための戦略と位置づけています。そこでは、日米同盟を大前提にした「独立」であるという認識です。

　そのうえで、提言では、「わが国が採るべき経済安全保障上の基本方針」を 3 点あげています。第 1 に、経済安全保障上の観点からわが国が置かれた位置づけを分析し、わが国が有するべき戦略的自律性と戦

略的不可欠性の具体的内容を把握する必要があるとし、わが国の実体経済を支える基盤である各産業の置かれている状況を詳細に調査、評価すべきだとします。第2に、その調査を踏まえて、わが国自身の努力で戦略的自律性及び戦略的不可欠性を確保していくために必要な戦略や政策を特定し、第3に、これを実現していくために必要なメカニズムを整備していかなければならないとしています。

　具体的手法としては、「わが国の国民生活と正常な経済運営を支えるために維持強化しなければならない産業」を「戦略基盤産業」と定義し、それらの産業を、①備蓄可能性、②代替可能性、③供給能力といった経済安保の観点から評価・点検し、技術や研究開発者の保全・育成も含めて、政府が介入して「強靭化」すべきだと述べています。その「戦略基盤産業」として例示されているのは、「エネルギー（電力を含む）、通信、交通、食料、医療、金融（フィンテックを含む）、物流、建設等の基幹的なインフラ産業等」です。

　さらに、こうした取組みを法的に担保するために、「各省庁は国家安全保障局等と連携しつつ、それぞれが所管する業法等のあり方について検討すること。その上で、対応可能なものから順次実行しつつ経済安全保障関連の施策を実施するための法的根拠の整備を含め、2022年の通常国会における『経済安全保障一括推進法（仮称）』の制定を目指すこと」を提言しています。

⑷　岸田政権による経済安全保障推進法の制定

　岸田首相は、憲政史上初めて経済安保担当大臣を置き、甘利氏の下で活躍していた小林鷹之氏を任命します（2021年10月4日）。同時に「経済安全保障法制に関する有識者会議」と「経済安全保障推進会議」を設置し、この有識者会議が22年2月に「提言」をまとめ、これをもとに経済安全保障推進法案を策定し、22年春の通常国会に上程、成立

させました。

　同法の内容は、①供給網の強靱化、②基幹インフラの安全確保、③官民技術協力、④機微な技術の特許非公開——の４つの柱からなります。国会審議でも大きな問題となった点は、124か所もの事項が政省令に委ねられており、「実際の運用はほとんど政府に白紙委任」になっていることです。

　①では、海外依存度の高い物資を「特定重要物資」に指定し、本来企業秘密とされる供給網（サプライチェーン）について報告を求めるとしています。なお、この「物資」には「プログラム」も入るとされています。

　②は、外部からのサイバー攻撃を防ぐことを主眼としています。そのため基幹インフラを担う企業は、指定されると設備や業務委託について事前の届け出が義務づけられます。場合によっては業務内容の変更を命じられます。下請けや取引先まで監視対象となることも否定されていません。対象となる業種は、電気、ガス、金融、放送など14分野です。サイバー攻撃などの妨害行為から重要インフラを守るためとされますが、対象となる妨害行為についての具体的規定はなく、時の政府が恣意的に運用し、国民生活に不可欠なインフラを統制することも可能となるものです。統制強化の一方で、特定重要物資を扱う企業には助成金などの支援を可能とします。

　③では、「特定重要技術」を指定し、政府と大企業が一体で軍民両用技術の開発を進めるというものです。対象として想定されているのは半導体、宇宙、海洋、量子、AI（人工知能）などの先端技術です。

　④では、公開すれば国の安全を損なうと判断した発明を非公開にすることができるとしています。

⑸ 「岸田軍拡」の中での経済安保「基本方針」の決定

　参議院選挙と安倍元首相銃撃、そして「旧統一教会」問題の惹起と「国葬」に対する世論の反発が強まる中で、2022年9月30日、安全保障に関わる2つの重要な動きがありました。ひとつは、岸田首相が表明した敵基地攻撃能力やGDP比2%への防衛費増額、国家安全保障戦略の改定（経済安全保障の包含）など、「日本の戦後安全保障政策の根本的転換につながる可能性がある」（『京都新聞』2022年10月1日付）と指摘されている「国力としての防衛力を総合的に考える有識者会議」が発足したことです。

　もうひとつは、経済安全保障推進法に基づく基本方針と関連する2つの指針が閣議決定されたことです。前者が「経済施策を一体的に講ずることによる安全保障の確保の推進に関する基本的な方針」、後者が「特定重要物資の安定的な供給の確保に関する基本指針」と「特定重要技術の研究開発の促進及びその成果の適切な活用に関する基本指針」です。

　具体的には、すでに半導体や医薬品、レアアースを想定していた「特定重要物資」の詳細を2022年内に政令で指定し、その物資ごとに所管府省が安定供給に向けた取組みの方針をまとめるとしました（詳しくは後述）。その際、特定重要物資を取り扱う企業は供給源の多様化や備蓄などの計画を政府に提出し、認定されれば、財政支援を受けられる仕組みです。また、サプライチェーンの脆弱性を把握する調査の実施も決めています。[19]　経済安全保障推進法の具体化のためには、今後、研究開発に携わる研究者や技術者の適確性を審査する「セキュリティ・クリアランス」の導入が検討されることになっており、「特定重要技術の研究開発」に関連した領域で働いている人たちの基本的人権の侵害が懸念されています。

　一方、岸田首相は2022年5月23日にバイデン米大統領と会談し、防

衛費を増額するとともに敵基地攻撃能力の保持も辞さないと表明した
うえで、米国が主導して推進している対中包囲網である新経済圏構想
「インド太平洋経済枠組み（IPEF）」に参加すると表明しました[20]。これ
に基づき、7月29日に開催された「日米経済政策協議委員会」（経済
版2プラス2）では「経済安全保障の観点から、戦略物資である次世
代半導体を含む最先端技術の確保で結束を確認した」と報じられてい
ます[21]。

　以上のような動きをみると、日本の経済安保政策は、米国のアジア
太平洋戦略に大枠が規定された形で具体化されてきており、食料主権
やエネルギー主権はもちろんのこと、情報主権についてはとりわけ後
景に追いやられ、米国の政策に追随している姿が浮かび上がります。

⑹　順次進む経済安保体制の整備

　岸田政権は、経済安全保障推進法に基づいて、2022年末から23年に
かけて順次、法の具体化を図ってきています。2022年12月20日には、
経済安全保障推進法に基づく「特定重要物資」に関して、半導体や蓄
電池など11分野の指定を閣議決定しました（表1−1）。いずれも供給
が切れると経済活動や日常生活に支障を来す物資とされており、重要
鉱物では特定の国に依存しすぎないよう企業による海外での権益取得
なども後押しすることを想定しています。また、当該物資の生産体制
を強化し備蓄も拡充し、有事に海外からの供給が途絶えても、安定し
て物資を確保できる体制を整えるとしています。そのために予め計画
を申請した企業の取組みには国が財政支援する仕組みも準備していま
す。

　さらに、経済安全保障法制に関する有識者会議では、2023年2月時
点で、特定社会基盤役務の安定的な提供の確保に関する基本指針（案）
および特許出願の非公開に関する基本指針（案）も議論されています[22]。

表1-1 特定重要物資11分野と所管省庁

経済産業省	半導体	3686億円
	蓄電池	3316億円
	重要鉱物	1058億円
	航空機の部品	417億円
	工作機械・産業用ロボット	416億円
	永久磁石	253億円
	天然ガス	236億円
	クラウドプログラム	200億円
国土交通省	船舶の部品	63億円
厚生労働省	抗菌性物質製剤	553億円
農林水産省	肥料	160億円

注：数字は22年度第2次補正予算での計上額
出所：『日本経済新聞』2022年12月20日

同会議資料によれば、特定社会基盤役務を行う指定事業者としては、電気事業、ガス事業、水道事業、鉄道事業、貨物自動車運送事業、貨物航路事業、航空事業、空港の設置・管理事業、電気通信事業、基幹放送事業に加え、銀行業・保険業をはじめとする各種金融事業が、指定候補とされており、地方自治体が直接経営している事業だけでなく、中小企業が多く参入している事業、あるいは多くの住民が利用している事業も含まれています。なかでも、デジタル化を支える情報通信事業を中心に据えているところに、留意しなければなりません。また、インフラや金融業を含む広い領域が経済安全保障政策の施策対象になっていることに十分注意する必要があります。「緊急事態」を想定した、利用規制が自治体を通して市民に及ぶことは必定です。決して、一部の特定企業だけの問題ではないということです。

3 経済安保下のデジタル化の矛盾と問題

(1) デジタル技術を活用した経済統制への志向、惨事便乗型政策としての展開

　以上、岸田政権の下で、「新しい資本主義」の目玉政策のひとつとして、デジタル技術やそれを支える重要物資の安定供給を最重要視する経済安全保障法体制がつくられ、それが米日軍事同盟と一体化した形

で推進されてきていることをみてきました。しかし、それは現行憲法の理念や多くの条項に反するものであり、戦争の放棄や戦力の不保持はもちろんのこと基本的人権や財産権、さらに学問や表現の自由、さらに経済活動の自由をも脅かし、国と地方自治のあり方にも大きな影響を与えるものであることがわかるかと思います。未だ経済安保の全体像や詳細が固まっていないので、ここでは、現時点において重要であると考えられる点を指摘していきたいと思います。

　一つは、経済統制の問題です。歴史を振り返ってみれば、この「経済安保法制」が、戦前・戦時下の資源動員政策、重要産業統制政策と重なり、平時から戦時統制体制を構築しようというねらいを感じざるを得ません[23]。戦後の民主化で解体された、国家が強く介入した経済統制政策を復活させようとしているわけですから、さすがに経団連や経済同友会からの種々の懸念も表明されています[24]。

　しかし他方で、そうした体制のもとで利益を得ようという集団も現れています。それは、三菱・東芝・日立などの従来の狭い意味での防衛産業に属する重厚長大企業だけでなく、とりわけ存在感を増してきているのが情報関係産業です。企業の取引情報、個人の行動情報、大学における研究開発の情報、これらすべてを吸収してチェックする。これができるのは情報系の企業、コンサルタント企業です。彼らにとっては、従来の特定化された狭い分野にとどまらず、農業なども含めてすべてが市場拡大の対象であり、情報収集と統制の対象となりビジネスチャンスになるのです。

　実は、かつての戦前・戦時の国家総動員体制構築のときにも同じような手法がとられています。鉄鋼や石油等軍事に関わる重要産業を指定し統制を加えながら、農林水産物も含めて軍需物資とされ、これを全面的に把握し、国内での資源確保をするために、調査を繰りかえし、計算尺と算盤で計算しています。当時は、もちろんコンピュータはあ

りませんから、精度は高くはありませんでした。それが、現代では、デジタル技術でビッグデータを特定企業から瞬時に吸収して、計算して統制を図ることができるわけです。それを正当化するために「経済安全保障」という言葉が使われているといっていいでしょう。

　なかでも、注目したいのが半導体に関する動きです。岸田政権は、国の中小企業予算合計額をはるかに上回る5000億円の巨額の補助金を出して、自動車・家電搭載用の半導体を製造する台湾積体電路製造（TSMC）の熊本県への工場誘致を決めました。それは、単に自動車・家電産業からの要望に応えるだけでなく、半導体が経済安全保障の特定重要物資に位置づけられているからにほかなりませんでした。ちなみに、甘利明氏が会長を務める自民党「半導体戦略推進議員連盟」は、2021年5月に作られ、「半導体は日本の経済安全保障上、不可欠だ」という認識から、対中関係で緊張が増している台湾の企業の熊本県への誘致を推進しました。また、この議連の最高顧問は、安倍晋三元首相と麻生太郎元首相でした。[25] 加えて、この議連の幹事長を務めた山際大志郎氏は岸田内閣で経済財政・再生相に就任します（2022年10月、「旧統一教会」問題で辞任）。

　ただし、戦時経済統制体制の現代的な再現を志向しているようにみえますが、戦前と根本的に違っているのは9条はじめ基本的人権や地方自治の憲法条項があることです。公然と軍需産業を育成し経済統制を実行することはできません。だからこそ、改憲を求める勢力の動きが激しくなっているという側面もあります。経済安全保障は、コロナ危機、半導体危機、ウクライナ危機、台湾有事、さらに核共有論まで出てくるもとで、これらとも関連づけた惨事便乗型政策としてすすめられていることに注意を払う必要があります。

　そして、もうひとつ違う点は、米国の安全保障体制の下におかれ、そのなかでの経済安全保障であるという点です。しかも、DX、デジタル

化が枢要な分野として位置づけられていますが、前述したように、日米デジタル貿易協定では、米国企業が持ち込む AI プログラム、アルゴリズムには日本政府も自治体もいっさい介入することができないことになっています。日本側の情報主権がないなかでの情報化が進められる枠組みではないでしょうか。

(2) 従来の自由貿易体制推進との矛盾

さらに、「経済安保」はさまざまな問題も含んでいます。まず経済安保に基づく諸施策は、現在のロシアに対する「経済制裁」がそうであるように、対外的には軍事的な行動の一つとみなされ、国家間の緊張を高めることは必至です。また安倍政権以降、政府が TPP や FTA を締結する際に声高く主張してきた自由貿易体制推進論と明らかに矛盾しています。新自由主義的な経済政策では、政府による「不介入」が原則とされてきましたが、経済安保は「介入」を前提にしていますから、ダブルスタンダードと受け取られてもしかたがありません。

他方でこれらの緊張や矛盾は、本来の意味での「安全保障」のあり方を真剣に追求せざるを得ないということを意味しています。それは、エネルギーや食料の問題を含めた世界的な共存、世界平和をどうやって実現していくかという問題です。初めから日米同盟だけを前提にしたり、従来の軍事同盟やそれに対応した経済ブロック体制だけで考えると、結局は敵対国をつくってしまい、「力の論理」と衝突から抜け出せません。そこにとどまりつづけるのか、それとも全方位的なかたちで、共存・平和を志向する本来の安全保障を追求するのかが問われることになります。

自由貿易主義の考え方も変更を迫られると思います。コロナ禍や穀物・石油価格高騰によって食料やエネルギー資源をこれほどまで海外に依存してきた状況に不安を感じている国民は少なくありません。基

本的人権の大前提となる国民の生存に関わる、食料、エネルギー、そして情報、さらにマスクを初めとする医療用品などに関しては、一定程度の自給を各国が相互に認め合うことが必要となっています。完全な自由貿易主義ではなく、主権国家として国民の生存権を互いに尊重した対等な通商関係に修正することも問われています。

⑶　国内での情報統制強化、思想信条・学問の自由も侵害

　経済安保保障推進法にやや先んじて制定された改正警察庁法（2022年4月1日施行）にも注意を払う必要があります。同法については、本論に関係する限りでの要点を指摘しておきたいと思います。

　同法によって、サイバー犯罪対策の強化を目的とした新組織「サイバー警察局」と重大事件の捜査を担う「サイバー特別捜査隊」が発足することになりました。個人や企業の情報を、都道府県警察を超えて一括で管理し、恒常的に都道府県警を超えた捜査権を持って、国家警察としての警察庁が捜査をおこなうという法改正です。

　戦後の憲法では、戦前・戦時の治安維持法体制の下での特高警察の反省から都道府県ごとの自治体警察に変え、国家とフラットな関係にしていたのですが、この法改正で垂直的関係が復活させられました。青木 理氏が例としてあげているように[26]、「大川原化工機事件」は経済安保にかかわる公安警察の見込み捜査からはじまった、犠牲者の出たでっちあげ事件でした。経済安保の名のもとにこうした企業の経営活動の自由を奪ったり、個人でもスパイの疑いをかけられたりする事態が起こり得るのです。

　またこの間、基地や原発周辺などの私的土地所有権を制限する「重要土地利用規制法」が法制化されたり、学問の自由を侵す日本学術会議会員の任命が拒否される問題が生じていますが、これまでみてきたように、これらも経済安全保障の観点から具体化してきたとみること

ができます。

　つまり、経済安保では、時の政権が規定する「国家の重要事項」は秘匿しなければならないし、特定重要技術といわれる軍事研究も国の総力をあげて、国内の大学・研究機関の研究者を総動員して進める必要があります。また、海外に、軍事技術やその基礎研究の知的資産を移転させてはならないという脅迫観念があります。これに対して、「戦争を目的とする科学の研究は絶対にこれを行わない」という姿勢を貫く日本学術会議はその障害としてみなされたといえます。学問の自由、大学の自治を憲法に基づいて守ることの重要性がわかります。²⁷⁾

おわりに
──「経済安保」と憲法及び地方自治理念との根本的対立

　以上に加えて、政府が「経済安保」を日本列島全体に貫徹するには地方自治体を抑え込む必要があります。行政サービスの産業化やマイナンバーカード、インボイス制度の導入・活用を通じて住民の個人情報や地域企業の取引情報を掌握し、コントロールする動きがすでにすすめられつつあります。「自治体戦略2040構想」に端を発し、第32次地方制度調査会での答申とその具体化の流れは、ひとことで言うならば、デジタル化を梃に広域連携を推進することで、団体自治も住民自治も弱体化させて、地方自治体の本来の役割と機能を大きく変質させて、国に文句を言えない体制をつくる動きであるといえます。

　それは、例えばDX化の名の下で、地方自治体が住民の権利を守るために制定していた個人情報保護条例について、自治体が関与できる領域を限定し、民間企業が個人情報をビジネスチャンスに活用することができるように、第32次地方制度調査会に答申させて、その法制化を行って、トップダウン的に地方自治体に対して条例の改変を求める

動きに象徴されます。また、地方自治体が関与できるとしても、重要土地利用規制法においては、地域指定について、せいぜい「意見」を述べることができる程度になっており、とても国と地方自治体が対等な関係にはなっていません。

　その運用実態は、現行憲法にある地方自治条項の事実上の「解釈改憲」だといえます。国と対等な関係が保障されなければ、戦前の明治憲法と同じく、地方公共団体は国の支所でしかありません。これは、「戦争ができる国」といえるものです。第33次地方制度調査会の議論が、そのような方向に進まないよう、憲法改正の動きとともに十分留意しておく必要があります。

　この点でも戦前と大きく異なる時代に私たちは生きています。少なくとも現時点においては、地方自治が日本国憲法によって保障され、国の下部組織ではない地方自治体があり、議会が認められているということです。その条件を生かし、地域の現場から危険な動きをせき止めていくことも大変重要になってきているといえます。[28]

注

1　岸田文雄『岸田ビジョン――分断から協調へ』講談社＋α新書、2021年、7頁、22頁。

2　「第1回新しい資本主義実現会議議事要旨（令和3年10月26日開催）」https://www.cas.go.jp/jp/seisaku/atarashii_sihonsyugi/kaigi/dai1/gijiyousi.pdf（2022年10月6日閲覧）。

3　安倍政権下での国家の政策の意思決定の仕組みについては、岡田知弘『公共サービスの産業化と地方自治』自治体研究社、2019年、第1章を参照されたい。

4　詳しくは、岡田知弘編『コロナと地域経済』自治体研究社、2021年、第1章及び第2章を参照。

5　岡田知弘「日本維新の会の『支持基盤』を探る」『法と民主主義』第567号2022年4月。

6　「所信表明演説　ワード分析　『分配』消え『物価高』6回」『日本経済新聞』2022年10月4日付。

7　前掲『公共サービスの産業化と地方自治』第1章、参照。

8　岡田知弘「瀬戸際の地方自治——企図される惨事便乗型の制度改革」『世界』第560号、2021年1月を参照。

9　総務省地域力創造グループ・地域情報化企画室「自治体DX推進のためのデジタル人材の確保の取組」2022年6月3日 https://www.soumu.go.jp/main_content/000818219.pdf（2022年10月6日閲覧）。

10　運輸省『昭和56年度　運輸白書』第1部第9章「総合安全保障への対応」https://www.mlit.go.jp/hakusyo/transport/shouwa56/index.html（2022年10月7日閲覧）。

11　永山茂樹「経済安全保障戦略・経済安全保障法の憲法的検討」『前衛』2022年3月号も、参照されたい。

12　内田聖子「日米貿易協定と日米デジタル貿易協定の何が問題なのか」『住民と自治』2020年5月号、参照。

13　永山「前掲論文」及び金子豊弘「米中対立先鋭化と『経済安全保障』論」『経済』2022年1月号、富田光「官僚たちの経済安保」『世界』2022年3月号、参照。以下の策定経過に関わる記述については、これらの論文に基づく。また、アメリカの対中国軍事戦略の転換と日本における軍備拡大・改憲論との関係については、渡辺治「岸田政権の改憲、九条破壊にいかに立ち向かうか」『前衛』2022年10月号を参照のこと。

14　小口佳伸「Mr. インテリジェンスの正体は政権中枢での10年」NHK政治マガジン、2022年2月22日付 https://www.nhk.or.jp/politics/articles/feature/77988.html（2022年10月7日閲覧）。なお、北村滋『情報と国家——憲政史上最長の政権を支えたインテリジェンスの原点』中央公論新社、2021年も、参照されたい。

15　同上。

16　同上。

17　文藝春秋編集部「北村滋（64）前NSS局長　退任後初インタビューで語った『日本学術会議への疑念』」『月刊　文藝春秋』2021年9月号。

18　「『経済安全保障戦略策定』に向けて」自民党ホームページ https://www.jimin.jp/news/policy/201021.html による（2022年10月7日閲覧）。

19　「政府、経済安保法の指針決定」『日本経済新聞』2022年10月1日付。

20　ロイター「日米首脳、拡大抑止の有効性を確認　日本は防衛費の増額表明」2022 年 5 月 23 日 https://jp.reuters.com/article/us-japan-summit-wrapup4-idJPKCN2N90PN（2022 年 10 月 8 日閲覧）。

21　ワシントン時事「国際秩序主導、中ロに対抗＝日米、次世代半導体で結束―『経済版 2 プラス 2』初会合」2022 年 7 月 30 日 https://www.nippon.com/ja/news/yjj2022073000085/（2022 年 10 月 8 日閲覧）。

22　内閣官房・内閣府「特定社会基盤役務の安定的な提供の確保に関する制度における特定社会基盤事業・特定社会基盤事業者の指定基準の考え方（案）」2023 年 2 月、https://www.cas.go.jp/jp/seisaku/keizai_anzen_hosyohousei/r5_dai5/siryou8.pdf（2023 年 3 月 11 日閲覧）。

23　戦時経済統制については、ひとまず原朗『日本戦時経済研究』東京大学出版会、2013 年、国家総動員資源政策については岡田知弘「戦時期日本における資源動員政策の展開と国土開発」野田公夫編『農林資源開発の世紀――「資源化」と総力戦体制の比較史』京都大学出版会、2013 年を参照されたい。

24　日本経団連「経済安全保障法制に関する意見――有識者会議提言を踏まえて」2022 年 2 月 9 日 https://www.keidanren.or.jp/policy/2022/015.html（2022 年 10 月 8 日閲覧）、経済同友会「経済安全保障法制に関する意見（経済安全保障法制に関する有識者会議提言を踏まえて）」2022 年 2 月 16 日 https://www.doyukai.or.jp/policyproposals/articles/2021/220216_1233.html（2022 年 10 月 8 日閲覧）を参照。

25　「半導体戦略　議連幹部ら閣内に」『日本経済新聞』2022 年 5 月 11 日。

26　青木理「町工場 VS 公安警察――ルポ大川原化工機事件」『世界』2022 年 3 月号。

27　井原聡「動員される科学・技術と研究者」『世界』同上号、小森田秋夫「学問の自由を考える」『経済』2022 年 11 月号。

28　「自治体戦略 2040 構想」から第 32 次地方制度調査会答申、その後の政策動向については、榊原秀訓・岡田知弘・白藤博行編『「公共私」・「広域」の連携と自治の課題』地域と自治体第 39 集、自治体研究社、2022 年、岡田知弘『私たちの地方自治――自治体を主権者のものに』自治体研究社、2022 年を、参照されたい。

第2章

デジタル田園都市国家構想の概要と問題点

中山　徹

はじめに

　岸田文雄内閣の重点政策としてデジタル田園都市国家構想が動き出しました。地方創生をバージョンアップさせ、地方で生じているさまざまな問題を解決させる政策と位置づけられていますが、はたしてそうでしょうか。デジタル化は魔法の杖ではありません。情報技術の活用は重要ですが、デジタル田園都市国家構想は地方自治を後退させ、市民生活に新たな問題を持ち込むものです。そのような点を概観しつつ、情報技術の発展を地域で活かす前提条件を考えます。

1　新しい資本主義とデジタル田園都市国家構想

　岸田内閣の看板は「新しい資本主義」です。まず最初に、新しい資本主義とデジタル田園都市国家構想の関係をみます。2022年6月7日に「新しい資本主義のグランドデザイン及び実行計画」(以下「グランドデザイン」と呼ぶ)が閣議決定されています。

グランドデザインでは新しい資本主義の基本的な思想を、「①『市場も国家も』、『官も民も』によって課題を解決すること、②課題解決を通じて新たな市場を創る、すなわち社会的課題解決と経済成長の二兎を実現すること、③国民の暮らしを改善し、課題解決を通じて一人ひとりの国民の持続的な幸福を実現すること」の３つにまとめています。

　その上で、グランドデザインでは重点投資の分野として、人への投資、科学技術・イノベーションへの投資、スタートアップへの投資、GX（グリーントランスフォーメーション）及びDX（デジタルトランスフォーメーション）への投資の４分野を設定しています。

　次に「社会的課題を解決する経済社会システムの構築」が書かれています。これは「社会的課題を成長のエネルギーとして捉え」ることですが、成長というのは基本的に企業の成長であり、社会的課題の解決を企業が進めるため、それによって利益が出る仕組みを作るということです。その具体的な内容としては最初に「民間で公的役割を担う新たな法人形態・既存の法人形態の改革検討」があり、ここでは「孤独・孤立対策や環境保護等に加え、医療、介護、教育等、これまで官が担ってきたサービス」を企業が担う仕組み作りが書かれています。以下、「社会的起業家への支援強化」「インパクト投資（経済的利益の獲得のみでなく社会的課題の解決を目指した投資）の推進」「孤独・孤立など社会的課題を解決するNPO等への支援」「コンセッション（PPP/PFIを含む）の強化」などが列記されています。

　その次に「経済社会の多極集中化」があり、ここで「デジタル田園都市国家構想の推進により、一極集中から、多極集中への転換を図る」と書かれています。「新しい資本主義の象徴は地方・地域である」とし、「デジタル田園都市国家構想の推進」「一極集中管理の仮想空間から多極化された仮想空間へ」などが書かれています。

　最後に「新しい資本主義実現に向けた枠組み」が書かれています。

「官と民の連携」では「官はこれまで以上に、民の力を最大限引き出すべく行動し、これまで官の領域とされてきた社会的課題の解決に、民の力を大いに発揮してもらう」と書かれており、「連携」ではなく、先に書いたように社会的課題の解決を収益対象にするということです。また、「経済財政運営の枠組み」では、「大胆な金融政策、機動的な財政政策、そして民間投資を喚起する成長戦略の3本の矢の枠組みを堅持する」とアベノミクスの維持を強調しており、どこが新自由主義からの転換なのかと思います。

　新しい資本主義は新自由主義の弊害を乗り越えるものとされ、乗り越える対象と方法を2つ示しています。一つは、新自由主義が生み出した孤独、環境、教育などさまざまな社会的課題の解決を民間が収益活動として取り組める仕組みを作ること。もう一つは、新自由主義が生み出した大都市と地方の格差を地方のデジタル化によって解決するデジタル田園都市国家構想です。デジタル田園都市国家構想は新自由主義の弊害を除去し、新たな発展を促す要とされています。

2　デジタル田園都市国家構想とは

(1)　デジタル田園都市国家構想の位置づけ

　岸田総理は2021年10月の所信表明演説で「デジタル田園都市国家構想」を提唱し、「地方からデジタルの実装を進め、新たな変革の波を起こし、地方と都市の差を縮め」ると述べています。

　これを受け、2021年11月にデジタル田園都市国家構想実現会議が設置されました。議長は岸田総理です。おおむね月1回のペースで会議が開催され、2022年6月に「デジタル田園都市国家構想基本方針」（以下、「基本方針」と呼ぶ）がまとめられ、6月7日に閣議決定されました。

基本方針では、デジタル田園都市国家構想を「これまでの地方創生の成果を最大限に活用しつつ、国や地方の取組を大きくバージョンアップさせ、地方の社会課題を解決し、魅力を向上させることを通じて、地方活性化を図る」ものと位置づけています。そしてバージョンアップさせる方法がDXです。

　後でみますが、地方創生は掲げた目標を全く達成できませんでした。それに対して基本方針では、「デジタル技術の進展を背景に、地方に住み、働きながら都会に匹敵する情報やサービスを利用できるようになるなど、デジタル技術を効果的に活用して、地方の「不便・不安・不利」の言わば3つの「不」を解消し、魅力を高めることができる」としています。また、「デジタル技術の活用により、地方では地方の魅力をそのままに、都市の利便性を享受することが可能となる」とも書いてあり、DXは魔法の杖のようです。

(2)　地方創生との関係

　デジタル田園都市国家構想は地方創生の発展版です。地方創生の枠組みである「まち・ひと・しごと創生総合戦略」は 2014 年 12 月に作

表2-1　まち・ひと・しごと創生総合戦略と

デジタル田園都市国家構想総合戦略（2022 年 12 月）
(1)デジタルの力を活用した地方の社会課題解決
①地方に仕事をつくる
②人の流れをつくる
③結婚・出産・子育ての希望をかなえる
④魅力的な地域をつくる
⑤地域の特色を活かした分野横断的な支援
(2)デジタル実装の基礎条件整備
①デジタル基盤の整備
②デジタル人材の育成・確保
③誰一人取り残されないための取組

出所：筆者作成。

成されています。期間は 2015 年から 2019 年の 5 年間です。これに基づいて自治体は地方版総合戦略を作成しました。そして 2019 年 12 月に第 2 期「まち・ひと・しごと創生総合戦略」が策定されました。期間は 2020 年から 2024 年の 5 年間です。現在は 2 期目ですが、基本方針に基づき、2022 年 12 月に「デジタル田園都市国家構想総合戦略」が策定されました。自治体はこの改訂を受けて、地方版総合戦略の改訂を進めることになります。多くの自治体は 2 期目の地方版総合戦略を策定したところだと思いますが、もう一度、策定し直さなければなりません。交付金を獲得するためには、事業が地方版総合戦略に位置づけていなければならないからです。

(3) 基本方針の特徴

　まち・ひと・しごと創生総合戦略とデジタル田園都市国家構想総合戦略を比較します（表 2 - 1）。まち・ひと・しごと創生総合戦略には、基本目標の 1〜4 と横断的な目標 1、2 が定められています。この基本目標 1〜4 がデジタル田園都市国家情報総合戦略の（1）デジタルの力を活用した地方の社会課題解決の①〜④にほぼ該当します。基本的な

デジタル田園都市国家構想総合戦略の枠組み

第 2 期「まち・ひと・しごと創生総合戦略」(2019 年 12 月)
施策の方向性 基本目標 1：稼ぐ地域をつくるとともに、安心して働けるようにする 基本目標 2：地方との繋がりを築き、地方への新しいひとの流れをつくる 基本目標 3：結婚・出産・子育ての希望をかなえる 基本目標 4：ひとが集う、安心して暮らすことができる魅力的な地域をつくる 横断的な目標 1：多様な人材の活躍を推進する 横断的な目標 2：新しい時代の流れを力にする

枠組みは踏襲されるようです。

　ただし、デジタル田園都市国家構想総合戦略は DX に関連する単語で埋め尽くされています。第 2 期「まち・ひと・しごと創生総合戦略」でも DX は重視されていましたが、デジタル田園都市国家構想総合戦略はすべての項目を DX と関連させたという感じです。①地方に仕事をつくるでは、中小・中堅企業 DX、スマート農林水産業・食品産業、観光 DX、②人の流れをつくるでは、地方創生テレワーク、オンライン関係人口の創出・拡大、③結婚・出産・子育ての希望をかなえるでは、オンライン母子健康相談、ベビーテック（ICT を活用した子育て支援サービス）の普及、④魅力的な地域をつくるでは、遠隔教育、オンライン診療、オンライン服薬指導、ドローン配送、文化遺産オンライン構想、デジタル地域通貨などです。自治体が地方版総合戦略を策定する目的は交付金を確保するためで、その交付金がデジタル田園都市国家構想交付金に一元化されます。その交付金の目的を、「デジタルを活用した地域の課題解決や魅力向上の実現に向けて、他地域等で既に確立された優良モデル・サービスを活用して迅速な横展開を行う事業や、オープンなデータ連携基盤を活用する他地域のモデルケースとなり得る事業に取り組む地方公共団体を支援する」とされると、DX に関連させにくい事業を新たに取り組むのは困難になるでしょう。

3　地方創生をどう評価すべきか

　先にみましたがデジタル田園都市国家構想は、地方創生の成果を活かしバージョンアップさせるものです。そこで地方創生の成果をみておきます。地方創生の第 1 期は 2015 年から 2019 年です。そのときに掲げた大きな目標は 2 つです。

　一つは、合計特殊出生率を回復させることです。2014 年の合計特殊

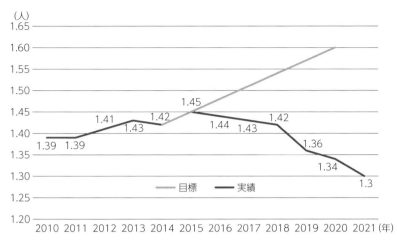

図2-1　合計特殊出生率の目標と実績
出所：以下の資料から筆者作成。目標は「まち・ひと・しごと創生長期ビジョン」2014年12月。実績は厚生労働省「人口動態統計」。

出生率は1.42です。このままでは日本の人口が大幅に減るため、2014年に策定された「まち・ひと・しごと創生長期ビジョン」では、出生率を2020年に1.6、2030年に1.8、2040年に2.07まで回復させる目安を示しました。2021年までの出生率が実際にどう変化したかをみたのが図2-1です。2015年は想定通り上がりましたが、2016年以降は下がり続け、2018年には地方創生を始めた2014年と同じ値になり、2021年には1.3まで下がっています。2020年に1.6という目標は達成できなかったどころか、スタート時点よりも合計特殊出生率は下がっています。

　もう一つは、東京一極集中の是正です。2013年は東京圏（東京都、神奈川県、埼玉県、千葉県）への転入超過者数が9万6524人でした。2014年に策定された「まち・ひと・しごと創生総合戦略」では2020年に東京圏への転入超過者数をゼロにするという目標を掲げました。そのため毎年、地方で10万人の雇用を生み出し、2013年度と比べ、東

図2-2　東京一極集中是正の目標と実績

出所：閣議決定「デジタル田園都市国家構想基本方針」及び総務省統計局「住民基本台帳人口移動報告」から筆者作成。

京圏から地方圏へ転出するものを4万人増加させ、地方から東京圏に転入するものを6万人減少させ、2020年で東京圏と地方圏の転出・転入を均衡させるとしました。実際どうなったかを見たのが**図2-2**です。2019年までは東京圏への転入者が減るどころか増え続け、2019年には14万5576人になっています。基準年である2013年の1.5倍です。2020年は新型コロナ感染症の影響で転入者が減り9万8005人の転入超過、2021年は転入者がさらに減り、転入超過は8万441人になりました。しかし、2022年には転入者が再び増え9万9519人の転入超過となり、2013年の基準年より悪化しています。

　地方創生で取り組まれた個々の事業については優れた取組みも多数見られます。しかし、もっとも大きな目標であった合計特殊出生率の回復、東京圏への一極集中の是正は全く実現できず、地方創生は政策として失敗だったとみるべきです。

4 スーパーシティとデジタル田園健康特区

(1) スーパーシティの状況

　先に書きましたが、デジタル田園都市国家構想総合戦略は 2022 年 12 月に発表され、今後、自治体がそれを踏まえて総合戦略を改訂することになります。そのため、デジタル田園都市国家構想が具体的にどのように動くかはまだわかりません。ただし、基本方針ではスーパーシティとデジタル田園健康特区を、デジタル田園都市国家構想を先導するものと位置づけているため、まずこの両者の内容をみます。

　スーパーシティは国家戦略特別区域法に基づくもので、2020 年 12 月 25 日から 2021 年 4 月 16 日まで公募しました。31 自治体から提案があり、2022 年 3 月 10 日につくば市、大阪府・大阪市が指定されました。スーパーシティは 2030 年頃に実現される未来社会を先行実現する都市だと説明されています。重要な点は、AI やビッグデータなど先端技術を活用し、行政手続き、移動、医療、教育など幅広い分野で利便性を向上させること。先端的サービス実現のためデータ連係基盤を通じてさまざまなデータを連係・共有させること。先端的サービスを実現するための規制改革を同時・一体的・包括的に推進させることとしています（内閣府地方創生推進事務局「スーパーシティ、デジタル田園健康特区について」2022 年 8 月）。

　つくば市の計画は、「つくばスーパーサイエンスシティ構想」と命名されています（「つくばスーパーサイエンスシティ構想」第 3 回スーパーシティ型国家戦略特別区域の区域指定に関する専門調査会配付資料 3、2022 年 3 月）。この構想は、移動・物流、行政、医療・健康、防災・インフラ・防犯、デジタルツイン・まちづくり、オープンハブの 6 分野で先端的サービスを提供する内容です。例えば、移動・物流分

野では、自動走行のパーソナル・モビリティの導入、ロボット・ドローンによる荷物の自動配送など。行政分野では、インターネット投票、外国人向け多言語ポータルアプリなど。医療・健康部門では、マイナンバーなどを活用したデータ連係による健康・医療サービスなどを計画しています。

　大阪府・大阪市の計画は、2025 年開催予定の大阪万博を見据えた取組みです（「大阪府・大阪市スーパーシティ構想」第 3 回スーパーシティ型国家戦略特別区域の区域指定に関する専門調査会配付資料 4、2022 年 3 月）。この構想では、移動、物流、医療、健康、まちづくり、防災の 6 分野を設定しています。具体的には、空飛ぶクルマによる万博会場へのアクセスや観光周遊サービスの展開、自動運転による万博会場へのアクセス整備、万博会場で未来医療が体験できるサービスの提供などを計画しています。

⑵　デジタル田園健康特区の状況

　デジタル田園健康特区はスーパーシティに申請した自治体の中から岡山県吉備中央町、長野県茅野市、石川県加賀市の 3 自治体が選ばれました。これもスーパーシティと同じで国家戦略特別区域法に基づくものです。趣旨は「デジタル技術の活用によって、地域における健康、医療に関する課題の解決に重点的に取り組む複数の自治体をまとめて指定し、地域のデジタル化と規制改革を強力に推進する」としています（「デジタル田園健康特区（仮称）（案）」第 3 回スーパーシティ型国家戦略特別区域の区域指定に関する専門調査会配付資料 2、2022 年 3 月）。

　具体的には、複数のテーマを設定して自治体間連携により先駆的な事業を実施するとしています。テーマとして書かれているのは、健康医療分野におけるタスクシフト（救急医療における救急救命士の役割

拡大、在宅医療における看護師の役割拡大)、健康医療情報の連携(自治体を超えたデータ連係、医療版「情報銀行」制度の構築)、移動・物流サービス(ボランティアドライバーによる通院送迎、タクシー等を使った医薬品等の配送)、予防医学や AI 活用(AI、チャット機能を活用した遠隔服薬指導)、創業支援等その他の取組(マイナンバー・マイナンバーカードの活用、在宅遠隔見守りサービス「スマートホーム」)などです(前出「デジタル田園健康特区(仮称)(案)」)。

5 デジタル田園都市国家構想交付金の状況概要

(1) デジタル田園都市国家構想推進交付金の概要

　政府は、3つの交付金、地方創生推進交付金(2016 年度から実施)、地方創生拠点整備交付金(2016 年補正予算から実施)、デジタル田園都市国家構想推進交付金(2021 年度補正予算から実施)を、2022 年度第 2 次補正予算でデジタル田園都市国家構想交付金に一元化しました。最初に、2021 年度補正予算から始まったデジタル田園都市国家構想推進交付金をみます。このデジタル田園都市国家推進交付金は岸田総理が 2021 年 10 月の所信表明演説で提唱したデジタル田園都市国家構想に対応するものです。

　デジタル田園都市国家推進交付金には、デジタル実装タイプと地方創生テレワークタイプの 2 つがあります。前者は、デジタルを活用して地域の課題解決や魅力向上を進めるもので、他地域ですでに確立されている優れたモデルやサービスを取り入れる取組み(TYPE1)と、オープンなデータ連携基盤を活用する新たなモデルとなり得る取組み(TYPE2、TYPE3)があります。後者は、サテライトオフィス、シェアオフィス、コワーキングスペース等の施設整備・運営・利用促進等の取組み(施設整備・利用促進事業)や、サテライトオフィス等に

進出する企業と地元企業等が連携して行う地域活性化に資する取組み（進出企業定着・地域活性化支援事業）を対象にしています。

(2) デジタル実装タイプ（TYPE1）と地方創生テレワークタイプの内容

デジタル実装タイプTYPE1は2022年3月に交付事業が決まりました（内閣府地方創生推進室「デジタル田園都市国家構想推進交付金の交付対象事業の決定について」2022年3月）。403団体、705事業、122億円の国費が交付されます。採択団体の内訳は、都道府県が40団体、市区町村が363団体です。内容は**表2-2**の通りです。一番多いのは行政サービスで、書かない窓口、オンライン申請、コンビニ交付などです。この分野では兵庫県豊岡市の事例が紹介されています。豊岡市は「すべての市民のための窓口サービスデザイン事業」とネーミングし、スマートフォンを使ったスマート申請、スマートフォンを使った手続きガイド、窓口タブレットなどを導入するとしています。次に多いのは住民サービスで、地域アプリ（防災情報や地域の暮らしに必要なさまざまな住民サービスを一つのアプリとしてまとめたもの）、公共施設DX（オンライン予約、決済、スマホによる施錠管理など）などです。この分野では、群馬県の「県民活動のマッチング支援」が紹介さています。これはボランティアマッチングシステム、未利用食品マッチングシステムなどで、需給ミスマッチの解消を進めるものです。

デジタル実装タイプTYPE1は、すでに他市等で実施されている事業を導入することで、地域の諸課題を解決しようとするものであり、新しい事業ではありません。そのため国費もさほど大きいものではなく、1団体当たり平均3027万円です。

地方創生テレワークタイプも2022年3月に交付事業が決まりました。101団体が採用され、30億円の国費が交付されます。これは**表2-3**に

表 2 - 2　デジタル実装タイプ（TPYE1）の内容と採択件数（2021 年補正）

	事業数	主な内容
行政サービス	185	書かない窓口、オンライン申請、コンビニ交付
住民サービス	111	地域アプリ、公共施設 DX、オープンデータ活用
健康・医療	83	母子健康手帳アプリ、オンライン診断、介護ロボット
防災	76	防災情報プラットフォーム、防災アプリ
交通・物流	62	オンデマンド交通、ドローン配送、自動運転バス
教育	49	オンライン授業、デジタル教材、電子黒板
農林水産	47	スマート農業、スマート林業、遠隔管理システム
しごと・金融	46	中小企業デジタル化支援、リモートワーク環境整備
文化・環境	25	3D バーチャル美術展、デジタルコンテンツ
観光	21	デジタルミュージアム、観光アプリ、e-スポーツ振興

出所：内閣府地方創生推進室「デジタル田園都市国家構想推進交付金の交付対象事業決
　　　定について」2022 年 3 月から筆者作成。

表 2 - 3　地方創生テレワークタイプの内容と採択件数

	団体数
サテライトオフィス等整備事業（自治体運営）	39
サテライトオフィス等整備事業（民間運営）	36
サテライトオフィス等活用促進事業（既存サテライトオフィスの拡充等）	15
進出支援事業（サテライトオフィスに進出した企業の活動を支援）	32
進出企業定着・地域活性化支援事業	18

出所：表 2 - 2 と同じ。

書いたように 5 つの事業があります。一番多いのは、サテライトオフィス等整備事業（自治体運営）で 39 団体、二番目は、サテライトオフィス等整備事業（民間運営）で 36 団体です。進出企業定着・地域活性化支援事業に採択された大分県竹田市の事業名は「ICT 人材育成事業（ICT スキル講座の開催と地元商業者とのマッチング）」です。これは、「進出企業が持つホームページ制作やアプリ開発のスキルを伝授することで、商店街による Web ツールを活用した集客・情報発信、学生の起業機会・主婦層の新たな雇用創出を実現する」事業です。

⑶ デジタル実装タイプ（TYPE2/3）の内容

　デジタル実装タイプ TYPE2、TYPE3 は 2022 年 6 月に交付事業が決まりました（内閣府地方創生推進室「デジタル田園都市国家構想推進交付金（デジタル実装タイプ 2/3）の採択結果について」2022 年 6 月）。TYPE2 は 21 団体、TYPE3 は 6 団体が採択されています（表 2 - 4）。TYPE3 は早期にサービスの一部を開始するもので国費の上限が 6 億円、TYPE2 は国費の上限が 2 億円です。TYPE2/3 には 6 つの型が設定されています。多分野サービス型、包括的サービス型は複数分野にまたがる規模の大きな事業です。特定分野リード型は、医療、モビリティ、行政 DX など特定分野に関する事業です。採択された 27 団体の内、13 団体は特定分野リード型です。

　福島県会津若松市の「複数分野データ連携の促進による共助型スマートシティ推進事業」は多分野サービス型（TYPE3）に採択されています。この計画は 3 年間をめどに、食農、決済、観光、ヘルスケアなど 12 分野においてデジタルサービスの実装を進めるものです（会津若松市「複数分野データ連携の促進による共助型スマートシティ推進事業」2022 年 5 月）。例えば食農では、地域内流通を進めるために、農家の生産情報と飲食店、旅館などの需要情報をマッチングさせるデジタルマッチングシステムを実装し、決済にはデジタル地域通貨を活用するとしています。防災では、位置情報を活用しパーソナライズされた避難誘導、リアルタイムでの家族の安否確認などを進めるとしています。

　北海道更別村の「更別村 SUPER VILLAGE 構想」は包括的サービス型（TYPE3）に採択されています。更別村では、交流、インキュベーション、行政サービス機能などを備えたデジタル公民館を整備すると同時に、高齢者でもこれらのサービスを円滑に利用できるように村内移動サービス、スマホ無料貸し出しサービス、フリー Wi-Fi サービ

表 2 - 4　デジタル実装タイプ（TYPE2/3）の内容と採択件数（2021 年補正）

	型の内容	件　数 （TYPE2）	件　数 （TYPE3）
多分野サービス型	先端産業の誘致や技術実証を実施。多分野にわたるサービスを提供し、その相乗効果を追求する、総合的なスマートシティ	1	3
包括的サービス型	暮らしを支える様々なサービスを、月額定額で一括提供する、ベーシックインフラ・サービス	1	1
シビックテック・エコシステム型	市民自身がテクノロジーを活用して社会問題を解決する取組み（シビックテック）を支援	1	0
技術工夫型	地理空間データや AI 搭載カメラなど、先進的な基盤を整備し、サービスへの実装を展開	3	1
特定分野リード型	医療、モビリティ、行政 DX など特定分野を深掘りしつつ、他分野との相乗効果を追求	13	1
広域連携型	複数自治体間で積極的にサービスメニューを共有し、生活経済圏を構築。	2	0

出所：内閣府地方創生推進室「デジタル田園都市国家構想推進交付金（デジタル実装タイプ TYPE 2/3）の採択結果について」2022 年 6 月より筆者作成。

スを一体的に提供するとしています。これを「更別型ベーシック・インフラサービス」と呼んでいますが、このサービスは 3980 円の月額定額料金で提供する予定です。

　三重県多気町等の「三重広域連携モデル」は広域連携型（TYPE2）に採択されています。実施地域は、多気町、大台町、明和町、度会町、紀北町です。この 5 町で「三重広域連携 DX プラットフォーム」を構築し、共通地域ポータル、デジタル地域通貨、観光メタバースポータルを提供するとしています。

(4)　デジタル田園都市国家構想交付金の概要

　2022 年第 2 次補正予算でそれまでの 3 つの交付金をデジタル田園都市国家構想交付金に一元化しました。この交付金は、デジタル実装タイプと地方創生推進タイプ・地方創生拠点整備タイプの 2 つに分かれ

ます。前者は、デジタル田園都市国家構想推進交付金を引き継いだもの、後者は地方創生推進交付金、地方創生拠点整備交付金を引き継いだものです。ここでは前者についてみます。

第 2 次補正予算のデジタル実装タイプは 2023 年 3 月に交付対象事業が決定されています（内閣府地方創生推進室「デジタル田園都市国家構想交付金（デジタル実装タイプ）の交付対象事業の決定について」2023 年 3 月）。デジタル実装タイプは、優良モデル導入支援型（TYPE1）、データ連携基盤活用型（TYPE2）、マイナンバーカード高度利用型（TYPE3）、マイナンバーカード利用横展開事例創出型、地方創生テレワーク型の 5 つに分かれます。

デジタル実装タイプの目的は、デジタルを活用して地域課題の解決や魅力向上を実現するための自治体の取組みを支援することです。

優良モデル導入支援型（TYPE1）は、他の地域等ですでに確立されている優良なモデルを導入する取組みで、1687 件、847 団体が採択され、採択金額は 228.1 億円（国費）です。これはデジタル田園都市国家構想推進交付金のデジタル実装タイプ（TYPE1）と基本的に同じで、採択事業の内容と採択件数は表 2 − 5 のようになっています。2021 年補正予算と 2022 年補正予算では分野の分類が異なりますが、行政サービス、住民サービスが多く、それ以外の分野の採択比率も大きく変わっていません。ただ、交通・物流は件数、割合とも減り、農林水産も割合を大きく減らしています。アプリを活用したオンデマンド交通などは導入しやすいようですが、一時人気のあったドローン、自動運転などは、具体的な導入が難しいのではないかと思います。

データ連携基盤活用型（TYPE2）は、オープンなデータ連携基盤を活用し、複数のサービス実装を伴い、モデルケースとなり得る取組みです。24 件、24 団体が採択され、採択金額は 26 億円（国費）です。これはデジタル田園都市国家構想推進交付金のデジタル実装タイプ

（TYPE2）と基本的に同じで、採択事業の内容と採択件数は表2－6のようになっています。

マイナンバーカード高度利用型（TYPE3）は、新規性の高いマイナンバーカードの用途開拓に資する取組みで、8件、8団体が採択され、採択金額は18.1億円です（国費）。これは2022年補正予算からスタートした区分で、採択事業の内容と採択件数は表2－6のようになっています。

TYPE2、3は表2－6のように3分野に整理されています。広域連携型、特定分野リード型は2021年補正予算と同じですが、マイナンバーカード認証ポータル型が新たに加わっています。国費の上限は2021年補正予算と同じで、TYPE2が2億円、TYPE3が6億円ですが、2022年補正予算の場合、TYPE3はマイナンバーカード関連に限定されています。

マイナンバーカード利用横展開事例創出型は、現にマイナンバーカード交付率が高い団体が、マイナンバーカードの先行事例構築を行う取組みです。これは2022年補正予算限りの区分ですが、他とは違い補助率が100％であり、自治体の財政負担はゼロです。52団体が採択され、採択金額は87.6億円です（国費）。

2022年補正予算ではマイナンバーカード関連が重視されています。TYPE1、TYPE2、TYPE3、マイナンバーカード利用横展開事例創出型で合計1771件採択されていますが、そのうちマイナンバーカード利活用サービスが565件、31.9％です。内訳は、「窓口DX」（自治体

表2－5　デジタル実装タイプ（TYPE1）の採択件数（2022年補正）

	事業数
行政サービス	515
住民サービス	272
防災・インフラ	195
医療・福祉・子育て	187
教育	133
観光	62
交通・物流	59
農林水産	50
文化・スポーツ	47
産業振興	40
その他	127

出所：内閣府地方創生推進室「デジタル田園都市国家構想交付金（デジタル実装タイプ）の交付対象事業決定について」2023年3月から筆者作成。

表2-6　デジタル実装タイプ（TYPE2/3）の内容と採択件数（2022年補正）

		TYPE2	TYPE3	合計
マイナンバーカード認証ポータル型	マイナンバーカード認証を活用、パーソナライズされたサービスの提供、パーソナルデータの連係	2	0	2
広域連携型	域内市町村のデジタル化のかさ上げ、複数自治体間でのサービスメニューの共有、生活経済圏の構築	4	1	5
特定分野リード型	医療・健康・子育て	4	3	7
	商店街活性化	4	1	5
	観光	0	3	3
	公共交通	2	0	2
	防災	2	0	2
	インフラメンテナンス	2	0	2
	教育	2	0	2
	環境	1	0	1
	地域コミュニティ	1	0	1

出所：表2-4と同じ。

の窓口でマイナンバーカードを活用し手続き時間を短縮するなど）が124件（21.9%）、「行かない窓口・電子申請」（マイナンバーカードを利用した電子申請など）が109件（19.3%）、コンビニ交付（マイナンバーカードを利用した各種書類のコンビニ交付サービス）が89件（15.8%）、医療・健康・子育て（マイナンバーカードを利用した母子健康アプリ、共通診察券など）が55件（9.7%）などです。

　TYPE3に採択された岡山県吉備中央町は、緊急搬送におけるマイナンバーカードの利用を検討しています。これは緊急搬送中にマイナンバーカードを利用して傷病者の個人を特定し、既存のデータ連携基盤を介して既往歴や服薬などの情報入手し、搬送先医療機関に届けるなど、診療の効率化を図る計画です。同じくTYPE3に採択された神奈川県小田原市はマイナンバーカードと連携した地域ポイントアプリを計画しています。

マイナンバーカード利用横展開事例創出型に採択された愛知県日進市は、マイナンバーカードを利用することで投票入場券を不要とする投票を計画しています。同じくマイナンバーカード利用横展開事例創出型に採択された香川県坂出市は、複数の公共交通をマイナンバーカードによって利用できるようにし、それに高齢者パスなどを紐づけようと考えています。

　地方創生テレワーク型は、「転職なき移住」を実現し、地方への新たなひとの流れを創出するため、サテライトオフィスの整備・利用促進等に取り組むものです。これは 2021 年補正予算の地方創生テレワークタイプと同じで、表 2 − 3 に書いた 5 つの種類が設けられています。63団体が採択され、採択金額は 21 億円です（国費）。

6　デジタル田園都市国家構想の目的

(1)　社会のデジタル化を一気に進めること

　デジタル田園都市国家構想総合戦略が策定された段階であり、地方版デジタル田園都市国家構想総合戦略が策定されるのはこれからです。そのため、デジタル田園都市国家構想がどのように進むかはまだ分かりません。しかし、デジタル田園都市国家構想を先導すると位置づけられたスーパーシティ、デジタル田園健康特区、デジタル田園国家構想交付金は、具体的な内容が判明しています。それらを基にデジタル田園都市国家構想の目的、問題点を考えます。

　アメリカには GAFAM（Google、Apple、Facebook［現、Meta］、Amazon、Microsoft）という複数の巨大情報企業が存在し、中国でも巨大な情報産業が生まれています。それらに比べ日本の情報産業が世界を牽引しているかというとそうではありません。生活面をみても、日本のデジタル化が世界の先陣を切っているかというとそうではありま

せん。そのような中で生活面でのデジタル化を一気に進め、新たな企業の収益源を確保しつつ、情報産業の育成を進めることがデジタル田園都市国家構想をはじめとした一連の政策の大きな目的です。

　デジタル田園都市国家構想総合戦略にはデジタルに関して思いつく限りのことが書かれていると言っていいでしょう。農林漁業、観光、中小企業から、交通、物流、通貨、文化、スポーツ、そして防災、環境、コミュニティまで、国民生活に関連するすべての分野が網羅されています。このような分野で、自治体を総動員して、社会全体のデジタル化を進めることが目的です。

　また、国民をこのデジタル化の中にはめ込む鍵はマイナンバーカードです。そのため、マイナンバーカードの普及が重視されています。

　そして、このようなデジタル化を進めるための基盤として、光ファイバーの整備、日本周回海底ケーブル（デジタル田園都市スーパーハイウエイ）の整備、マイナンバーカードの普及等が書かれています。さらに、このようなデジタル化を進めるための人材育成も重視されています。

⑵　公共部門を民間企業に開放すること

　新しい資本主義では、公的なサービスを民間企業に開放し、収益を上げられるようにします。スーパーシティ、デジタル田園健康特区は、医療・介護・健康、移動、防災、教育など、市民生活を支えるさまざまなサービス供給を企業に委ねるものです。例えば、デジタル田園健康特区に採択された吉備中央町の計画では、データ連係基盤、医療・福祉、移動は富士通、教育はベネッセコーポレーション、物流は ANAホールディングス、地域ポイントは NTT 西日本、防災・エネルギーは NTT ファシリティーズが主担当になっています（内閣府地方創生推進事務局「スーパーシティ区域の指定に関する地方公共団体からの

提案」2021 年 4 月）。さまざまな企業がスーパーシティ、デジタル田園健康特区に関わり、地域単位で主として市民生活を対象とした新たなビジネスモデルを構築しようとしています。

デジタル田園国家構想推進交付金に採択された会津若松市の計画も同じです。データ連係基盤・観光・ヘルスケア・行政はアクセンチュア、食・農業・教育は凸版印刷、防災はソフトバンク、ものづくり・廃棄物は SAP（ドイツに本社を置くソフトウェア会社）、モビリティは三菱商事、地域活性化はパナソニックが統括企業になっています。

主として行政が提供していたサービスを民間企業が提供するように変え、公共的サービスを民間企業の収益対象にすることが 2 つ目の目的です。

(3) 効率化、合理化を進めること

総務省が設置した自治体戦略 2040 構想研究会は、2018 年 7 月に「自治体戦略 2040 構想研究会　第二次報告」（以下「報告書」と呼ぶ）をまとめています。この報告書はその後の政府の自治体政策に大きな影響を与えています。この報告書ではさまざまなことが書かれていますが、スマート自治体への転換が大きな柱となっています。このスマート自治体とは、人口減少、税収の減少が予測される中でデジタル化を進め、「従来の半分の職員でも自治体として本来担うべき機能が発揮でき」るような自治体のことです。

この報告書を踏まえて、2018 年 7 月から第 32 次地方制度調査会が議論をはじめ、2020 年 6 月に答申を提出しています。この答申で重視したのは「地方行政のデジタル化」です。

自治体のデジタル化を進める目的としてはさまざまなことが書かれていますが、その一つは報告書で書かれた効率化、合理化、コストの削減です。

7 デジタル田園都市国家構想がもたらすこと

(1) 新たな格差の拡大

　企業主導で新たなサービスが地域で構築されると、市民にとって便利な面はあります。しかし、これらのサービスは企業が提供するものであり、当然対価が求められます。対価を支払うことができる層は恩恵を受けられるかもしれませんが、自己負担できない層は恩恵を受けることができません。先にみた北海道更別村の「更別村 SUPER VILLAGE 構想」はその典型です。更別村が提供するさまざまなサービスは「更別型ベーシック・インフラサービス」と呼ばれるようですが、このサービスの月額定額料金は 3980 円です。「ベーシック」とネーミングされていますが、3980 円を出すのが難しい家庭、出したくない家庭は「ベーシック」なサービスを利用することができません。

　スーパーシティに応募した各自治体の計画には、市民の健康管理に関する提案が多くみられました。その内容はおおよそ以下の通りです。まず、市民が腕時計型のウエアラブル端末を身に付けます。毎朝、その端末でバイタルデータ（血圧、脈拍、体温など）を計測します。その結果はインターネット経由で企業のサーバーに届けられ、AI が分析します。AI が通常よりも血圧が高く、受診が必要と判断した場合、市民に受診を促すメールが届きます。仕事が忙しくて受診できない場合は、web 上で医師のオンラインイ診断を予約します。オンライン診断で投薬が必要と判断された場合、薬剤師からオンライン投薬指導を受け、その後、薬が市民の手元までドローンで配送されます。大体このような感じですが、この一連の作業は企業が担当します。医師の診断等には保険が適用されますが、それ以外は利用者と企業の契約となり、利用料金が発生します。このようなシステムを利用できる市民にとっ

ては便利かもしれませんが、利用できない市民もいます。ただし、便利さと引き替えに、バイタルデータをはじめ、高度な個人情報を企業に提供しなければなりませんが。

　高齢化が進み、健康に不安を感じている市民が増えています。このような市民に対して情報技術を活用した健康管理を医療と一体で提供するシステムを作ること自体は否定しません。しかし、新しい資本主義、デジタル田園都市国家構想は社会的課題を成長のエネルギーと位置づけています。そのため、デジタル田園都市国家構想ではこのような新たなサービスの運営は企業が担います。そうすると、そのサービスを購入できる市民と、購入できない市民の間に深刻な格差が発生します。地域の医療、福祉、健康管理が企業主導型のシステムとして動き出すと、このシステムから疎外された市民の健康管理にはだれが責任を負うのでしょうか。

　情報技術の発展により、さまざまなサービスを新たに展開することが可能となり、それによって市民が抱える問題の解決が図れると思います。しかし、その運営を企業が担うことで、医療、福祉、健康など、本来は平等性を基本とすべき分野に新たな格差を引き起こし、情報技術の発展を享受できる層と、それから阻害される層が生じます。新しい資本主義、デジタル田園都市国家構想は、新自由主義によってもたらされた格差をはじめとした社会的諸問題を是正するはずでしたが、逆に新たな格差を生じさせます。

(2)　行政と企業の関係が逆転する

　さまざまな問題はありますが、現状では医療、福祉、教育、防災など市民生活に関連する分野については、行政が計画を立て、それを地域で展開しています。その中には企業が提供するサービスも含まれていますが、全体的な計画は行政が立て、その実施に行政が責任を負っ

ています。ところがスーパーシティやデジタル田園健康特区、デジタル田園都市国家構想ではその関係が逆転します。

　吉備中央町の計画では、データ連係基盤から防災・エネルギーまで、7分野が設定され、先ほど紹介したリーダ企業と延べ27社の協力企業などが並んでいます。そしてこれらの全体を取り仕切る企業はデータ連係基盤を担当する富士通です。確かに、吉備中央町の担当課も入っていますが、実際のサービスは情報技術やビッグデータを活用したものであり、行政の担当者にはほぼブラックボックスのようになるでしょう。医療・福祉、教育、防災・エネルギーなど市民生活を支える最も基本的な計画を、企業が作成し、運営することになります。また、従来であればこれら各分野の基本的な計画は議会等でも議論していましたが、議会や市民の関わりがどうなるのかも分かりません。スーパーシティやデジタル田園健康特区では、企業が市民生活を支える基本的なサービスのあり方を検討し、実際のサービスを提供します。行政は企業が立てた計画にお墨付きを与え、法令等の関係で必要な最低限のチェックを行い、あとはサービスを行う企業に対して補助金等を支給する存在になるでしょう。究極のアウトソーシングといえます。

⑶　団体自治の縮小

　デジタル田園都市国家構想は団体自治を縮小させるものになっています。自治体DXが進められ、自治体独自の施策が縮小されだしています。デジタル田園都市国家構想でも自治体のデジタル化は中心的課題であり、自治体の情報システムの統一・標準化、自治体のガバメントクラウドへのシステム移行などが書かれています。

　デジタル化とともに今まで各自治体で進めてきた独自の施策が削減されそうです。また、自治体が国の制度に上乗せして実施していた施策が切り捨てられそうです。

地域で進めるデータ連携基盤整備も中核部分は政府が提供するとなっており、DX の推進で団体自治の空洞化が懸念されます。

⑷　市民の権利が侵害される

　市民の権利では、2 つの視点でみておくことが必要です。一つ目は個人情報の保護です。国家戦略特別区域法 28 条の 3 第 1 項では「実施主体は地方公共団体の保有するデータであって区域データとして活用が見込まれるものを……地方公共団体の長その他の執行機関に対し、……提供を求めることができる」としています。そして、同法 28 条の 3 第 2 項には、「前項の規定による求めを受けた地方公共団体の長その他の執行機関は……遅滞なく、当該求めにかかるデータを……実施主体に提供するものとする」となっています。スーパーシティやデジタル田園都市国家構想を進める場合、行政や公的な機関に蓄積されている個人情報を企業が活用できるかどうかが大きなポイントです。

　提供した個人情報の利用範囲が厳密に守られるのかどうか、その運用状況を提供した市民はどのように確認できるのか、一度提供した個人情報の削除を求めることができるのか、そもそも提供した個人情報を完全削除できるのか、個人が特定できないようにすれば本人同意なしで提供してもいいのかなど、議論すべきことが山積です。このままですと、市民はわずかな利便性と引き換えに、高度な個人情報を企業等に提供することになりかねません。

　もう一つは参加したくない市民の権利をどう保障するかです。2020年 7 月に内閣府主催で「スーパーシティ構想に関するシンポジウム」が開催され、そこで配布された資料『スーパーシティに関する重要な留意事項について（案)』には以下のように書かれていました。「ブラウンフィールド［すでに市民が住んでいる地域─著者］の場合、住民投票において同意が得られたサービスについては、投票の対象となった住

民が全員利用することを原則とする。ただし、他に選択肢が無く、どうしても区域外への移転を希望する者が結果的に生じた場合については、こうした者への支援などの配慮も検討すべきである」。

　この文面を素直に読むと、参加したくない市民は地域外に転居せよとなり、参加しない権利は保障されていません。観光や健康管理などは参加したくなければ、契約しなければいいかもしれませんが、その場合は別の問題が生じます。健康の場合、先にみたように参加しない市民の健康はどうするのかという問題が生じます。観光ではスマホでさまざまな観光情報を得ることができ、もし地震などの自然災害が発生した場合、最適の避難ルートを示すような計画が立てられています。一般的に自宅周辺や職場周辺以外では、避難所がどこにあるかはわからず、当然そこへ行くルートもわかりません。そのような観光客にパーソナライズされた避難情報を届けるのは有益です。しかしそのためには位置情報をサービス提供企業に提供し続けなければなりません。

　一方、カーボンニュートラルなどを進める場合、参加しない市民がいますと地域内のエネルギー消費、炭酸ガス発生量に関する正確な情報が収集できません。そのような計画の場合、不参加を認めるのは困難であり、先にみたように、参加したくなければ転居せよということになります。このような参加したくない権利をどのように保障すべきかは、憲法との関係でも重要です。

(5)　地方が崩壊する

　デジタル田園都市国家構想では、情報技術の活用で大都市と地方の格差が解消するかのように描かれています。その具体例としてあげているのは、遠隔医療や遠隔教育などです。過疎地で医師を確保することは困難です。しかし、さまざまな取組みを行い、かろうじて医師を確保し、市民に日常的な医療を提供してきた市町村が少なからず存在

します。デジタル田園都市国家構想では、そのような努力をするのではなく、遠隔医療システムを導入すれば、問題が解決するとしています。

　もし、過疎地が遠隔医療に頼り、医師の確保をあきらめるようになりますと、過疎地では遠隔医療しか受けられなくなります。それに対して、都市部では状況に応じてリアルと遠隔を使い分けることができます。そのようになると遠隔医療しか選択肢がない地域に誰が住むでしょうか。

　デジタル化によって、リアルに加え遠隔という選択肢を増やすというのであれば市民生活の向上につながります。そうではなく、遠隔の整備と引き替えに、リアルをなくすというのであれば、市民生活の低下を招きます。先にみましたが「デジタル技術の活用により、地方では地方の魅力をそのままに、都市の利便性を享受することが可能となる」としています。これが、市民生活を支えるさまざまなサービスを遠隔に置き換えることであれば、それは地方における公共的サービスの切り捨てを意味し、地方を住みやすくするどころか、地方を住みにくくします。地方創生では東京一極集中を止めることができませんでした。しかし、デジタル田園都市国家構想は、デジタル田園都市国家構想を進めることが、地方を崩壊に導く危険性があります。

8　情報技術の発展を地域で活かす前提

⑴　新自由主義的な政策からの転換と情報技術の活用を一体で進める

　新しい資本主義やデジタル田園都市国家構想では、デジタル化を進めればさまざまな問題が解決するように描かれていますが、DXは魔法の杖ではありません。市民生活や地方における問題の多くは新自由主義的な政策によってもたらされたものです。新しい資本主義とデジ

タル田園都市国家構想が新自由主義の延長であるならば、デジタル化を進めても本質的な問題は解決できません。地方創生の8年間をみれば明らかなように事態を悪化させるでしょう。

　また、市民生活を支える基本的なサービスを企業が提供するため、サービスを購入できる層と購入できない層の格差を拡大させるでしょう。医療・福祉・教育の状況を改善させるためには、大手企業や富裕層に適切な課税を行い、財源を確保した上で、自治体が地域の特性を考慮した福祉・教育施策を公的施策として展開できるようにすべきです。そこに情報技術の発展を活かすことは可能ですが、今の制度や予算を前提にデジタル化を進めても抜本的な改善は困難でしょう。

　例えば、地域経済の活性化を進めるためには、地方の中小企業、第一次産業の活性化が不可欠です。しかし、地域で暮らす市民の所得が上がらなければ物やサービスは売れません。いかにデジタル化を進めても地域での消費が拡大しなければ絵に描いた餅になります。非正規労働者を増やし、格差を拡大してきた新自由主義的な政策の見直しと、中小企業、第一次産業の振興は一体的に取り組まなければ成功しません。

　大都市と地方の格差を是正し、地方を住み続けられる地域にするためには、この間、取り組まれてきた新自由主義的政策の見直しが不可欠です。例えば、東京の国際競争力を強化すると称して開発規制の緩和が進められていますが、そのような政策をそのまま実行すると東京一極集中はいつまでたっても止まりません。そのもとで地方のデジタル化を進めても、地方の人口減少は止まらず、地方が抱える諸問題の解決も困難です。

(2)　地方自治の発展が基礎

　デジタル田園都市国家構想では、行政等が担っていた公共サービス

分野に情報技術の発展を取り込もうとしています。その考えは否定しませんが、同時に計画立案からサービス提供まで、さらに地域全体の情報収集から管理まで、包括的に企業に開放しようとしています。ここに大きな問題があります。情報技術の発展をどう活かすかは行政が主導的に検討すべきであり、企業の協力を否定しませんが、透明性を確保しつつ、行政、議会、市民のチェックがはたらく形にすべきです。

　地方の発展を考える場合、地方自治の発展、すなわち団体自治と住民自治の発展が不可欠です。デジタル田園都市国家構想はむしろ逆行します。DX を進めるために自治体の独自施策を縮小させることは、地域の独自性を失わせることに繋がりますし、考えない自治体を作ることになります。自治体は国の下請けではありません。情報技術の発展が、地域の独自性を豊かにし、地域のことを考える団体自治の発展に繋がるようにすべきです。

　同時に情報技術の発展が住民自治の拡充に繋がるようにすべきです。基本方針では「誰一人取り残されないための取組み」があり、「地理的な制約、年齢、性別、障害の有無等にかかわらず、誰もがデジタル化の恩恵を享受することにより、豊かさを実感できることが重要である」としています。このような視点は否定しませんが、これは市民を利用者として捉えた視点です。市民は利用者であると同時に、自治の担い手、DX の主体者です。このような住民自治の視点が欠落すると、市民はバラバラの利用者になり、地域を支え、地域を維持し、地域を発展させる自治の担い手にはなりません。市民と企業が情報を通じて結びつき、その発展こそが市民を豊かにするというのであれば、それは住民自治の解体に繋がります。豊かな市民生活とは、単に利便性が高いというだけでなく、市民が地域を創り、運営する主体者になり、自らの判断で作り出せる生活です。さまざまな企業が提供するサービスを使いこなす生活ではありません。本来、行政が展開するさまざまな

施策の根底には市民の自治能力の育成という視点が必要ですが、デジタル田園都市国家構想にはその視点が皆無です。

おわりに

　地方創生の大きな枠組みは、政府の意向に沿って地方を作り替えることにありましたが、バラマキ的側面もあり、自治体の創意工夫によっては、地域にとって望ましい施策の展開にも活用できました。デジタル田園都市国家構想は地方創生のバージョンアップとして位置づけられていますが、内容的にはデジタルに限定しているため、バラマキ的側面よりも、政府の意向に沿って地域や自治体を作り替える側面を強くしていると理解すべきであり、地方創生よりも危険性が強いといえます。

　デジタル化を魔法の杖のように称え、デジタル化を進めることで地方が抱える諸問題を大きく解決できるかのように書かれていますが、その本質は公共サービスの民間への開放であり、市民生活、地域、地方自治に深刻な問題を引き起こすものです。

　ただし、情報技術の活用を敵視しているのではありません。デジタル田園都市国家構想の本質を理解しつつ、市民の利便性向上や地域経済の発展、医療・福祉・教育の充実に寄与できるのであれば、交付金を活用すべきです。そのためには、事業展開を企業に委ねるのではなく自治体の責任で進めること、議会・市民の関与・参加を保障し透明性・公平性を保障すること、それらを通じて地方自治が発展し市民の自治能力形成が進むようにすることが不可欠です。

第3章

デジタル社会と自治体

本多滝夫

はじめに

デジタル社会は、さまざまな分野の間でのデータ連携を通じた経済成長を可能とするデータ駆動型社会です。

行政手続のオンライン化と自治体の情報システムの標準化は、データ連携のための基礎です。そして、オンライン化した行政手続を国民・住民に利用させるために、公的個人認証機能をもったマイナンバーカードの普及が必要とされています。さらに、マイナンバーカードの普及は、マイナポータルを通じて民間事業者の情報システムと公的な情報システムとの連携を容易なものとします。デジタル田園都市国家構想は、国からの交付金を起爆剤として、デジタル社会の土台であるデータ連携基盤を国土全体に構築するものです。

データ連携のためにとられるさまざまな施策は、個々の自治体行政の特色や自治体ごとの個人情報保護の仕組みを障害物とみなし、自治を形骸化するものとなりかねません。

この章では、データ駆動型社会における自治の形骸化のメカニズム

を明らかにするとともに、そこで果たすべき自治体の役割を検討することにします。

1　デジタル社会とは

⑴　デジタル社会と Society 5.0

　デジタル社会という用語は、一昨年（2021 年）の 5 月に成立したデジタル社会形成基本法で用いられている用語です。そこでは次のように定義されています。

　「①インターネットその他の高度情報通信ネットワークを通じて自由かつ安全に多様な情報又は知識を世界的規模で入手し、共有し、又は発信するとともに、……②インターネット・オブ・シングス活用関連技術、……クラウド・コンピューティング・サービス関連技術その他の従来の処理量に比して大量の情報の処理を可能とする先端的な技術をはじめとする情報通信技術……を用いて電磁的記録……として記録された多様かつ大量の情報を適正かつ効果的に活用すること…により、③あらゆる分野における創造的かつ活力ある発展が可能となる社会をいう。」（デジタル社会形成基本法 2 条［下線は筆者］）

　「デジタル社会」の前身は、IT 基本法において定義されていた「高度情報通信ネットワーク社会」という用語です。「高度情報通信ネットワーク社会」は「インターネットその他の高度情報通信ネットワークを通じて自由かつ安全に多様な情報又は知識を世界的規模で入手し、共有し、又は発信することにより、あらゆる分野における創造的かつ活力ある発展が可能となる社会」（IT 基本法 2 条）と定義されていました。上記の「デジタル社会」の定義では下線①と下線③の部分に相当します。したがって、「デジタル社会」では下線②の部分が新たに追加されたことになります。下線②では、「情報通信技術を用いて電磁

的記録として記録された情報の活用」が謳われており、このフレーズがデジタル社会形成基本法の基調を成しています。とりわけ、近年飛躍的に進化しつつある「インターネット・オブ・シングス活用関連技術」、「クラウド・コンピューティング・サービス関連技術」といった先端的な技術＝デジタル技術を用いること、そして、「電磁的記録として記録された情報」＝デジタル・データを活用することが、デジタル社会の与件とされているのです[1]。

このような「高度情報通信ネットワーク社会」から「デジタル社会」へのコンセプトの変化の背景は、デジタル社会形成法 37 条 1 項に基づいて策定された「デジタル社会の実現に向けた重点計画（令和 4 年 6 月 7 日閣議決定）」（以下「重点計画 2022」）の冒頭の説明からうかがうことができます。

「高度情報通信ネットワーク社会形成基本法（IT 基本法）の制定以降、インターネット等のネットワーク環境の整備は相当程度進展したものの、デジタル技術の進展に伴い、その重要性・多様性・容量が爆発的に増大した『データ』については、生成・流通・活用など全ての側面において環境整備が十分ではな〈く〉」、「場当たり的・継ぎ接ぎ的な対応をしている限り、我が国は世界の趨勢に乗り遅れ、国際競争力の低下を招くとの認識の下、令和 2 年（2020 年）『デジタル社会の実現に向けた改革の基本方針』……が策定され、令和 3 年（2021 年）9 月 1 日、デジタル庁が発足した。」（重点計画 1 頁）

もっとも、先端的なデジタル技術でもって多様かつ大量のデジタル・データを活用すると、どうして「創造的かつ活力ある発展が可能となる社会」になるのか、あるいは、どうして「国際競争力の低下」を回避することができるのかといった機序は、この定義からは明らかではありません。

ところで、デジタル社会という用語の出自は、Society 5.0 という用

語にあることは、すでに広く知られているところです。これを政府文書として公式に用いた、総合科学技術・イノベーション会議の「第5期科学技術計画」(2016年)では、Society 5.0は「サイバー空間とフィジカル空間を高度に融合させた超スマート社会」と説明されています。

　その具体的なイメージは、内閣府のWebサイトで紹介されています。このWebサイトでは、これまでの情報社会＝Society 4.0では、情報通信技術に情報を入れるのも、処理された情報を引き出すといったフィジカルな空間では人間が主体でしたが、Society 5.0では、フィジカルな空間でも情報通信技術とつながったデジタル・デバイスが主体となります。そこでは、クラウド上で人工知能（AI）がデジタル・デバイスを通じて取得したデータを解析し、解析結果に基づく一定の行動情報をデジタル・デバイスへ逆送し、ロボットはおろか人間の行動まで誘導しようというものです。そして、このような融合を通じて、さまざまな社会課題が解決されると想定されています。

⑵　データ駆動型社会としてのデジタル社会

　Society 5.0というコンセプトが提起された頃、「データ駆動型社会」というコンセプトもまた提起されました。データ駆動型社会とは、CPS（Cyber Physical System：デジタル・データの収集、蓄積、解析、解析結果の実世界へのフィードバックという実世界とサイバー空間との相互連関）がインターネット・オブ・シングス（IoT）によるモノのデジタル化・ネットワーク化によってさまざまな産業社会に適用され、デジタル化されたデータが、インテリジェンスへと変換されて現実世界に適用されることによって、データが付加価値を獲得して現実世界を動かす社会と定義されています。内容においては、サイバー空間＝デジタル空間とフィジカル空間との融合による価値創造という点で、データ駆動型社会とSociety 5.0は同じ社会を言い表しています。事実、

「未来投資戦略 2018」は、副題を「『Society 5.0』『データ駆動型社会』への変革」とし、両者を並列的に取り上げています。そこでは、デジタル化によって社会課題の解決した状態を Society 5.0 として、それを実現する経済構造を「データ駆動型社会」として表現されているようです。

ともあれ、データ駆動型社会は「データが付加価値を獲得し現実世界を動かす社会」ということなので、そこでは「データ」の在り方が問われます。データに関する現在の政策は、2021 年 6 月に決定された「包括的データ戦略」に基づいて実施されています。⁵⁾

包括的データ戦略は、Society 5.0 を実現するためには、データに関わる日本の全てのプレイヤーが日本全体のデータ構造＝「アーキテクチャ」を共有することが必要であるとして、Society 5.0 を実現するための戦略の策定・実践は常にこのアーキテクチャを踏まえて行うものとするとしています。

このアーキテクチャの構造は、7 つの階層（第 1 層：インフラ、第 2 層：データ、第 3 層：連携基盤［ツール］、第 4 層：利活用環境［PDS（Personal Data Store）、情報銀行、データ取引市場］、第 5 層：ルール［データガバナンス、トラスト基盤等］、第 6 層：社会実装過程における業務改革、第 7 層：新たな価値を創出）からなります。包括的データ戦略は、これらのうち、第 3 層の連携基盤（ツール）、第 4 層の利活用環境と第 5 層のデータ連携に必要なルールを提供する基盤を「プラットフォーム」と名付け、最大のデータ保有者である行政機関に対し、最大のプラットフォームとして、行政機関全体のアーキテクチャを策定、マイナンバー制度とリンクした ID 体系の整備、ベース・レジストリをはじめとした基盤となるデータの整備、カタログの整備等を行うとともに、民間ともオープン化・標準化された API（Application Programming Interface）技術で連動できるオープンなシステムを構

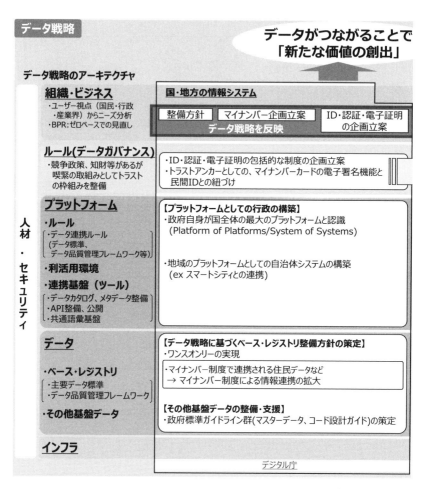

図3-1 アーキ

出所：「包括的データ戦略」2021年6月、13頁。

築していくことを求めています。自治体も地域のプラットフォームとして、後述するスマートシティと連携した自治体システムの構築が求められています。

　このように包括的データ戦略では、国や自治体のシステムを「プラ

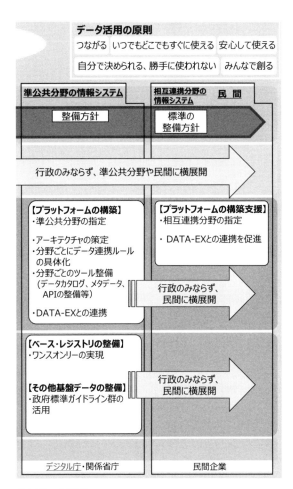

テクチャの階層

ットフォーム」へと転形させ、これを準公共分野（健康・医療・介護、教育、防災等）、さらに、民間部門へと横展開することで、社会全体はデータ駆動型社会に移行し、Society 5.0 が実現するといった構図が描かれています（図 3-1）。

⑶ 資本主義の転回としてのデジタル社会

　ところで、デジタル社会は、資本主義の新しい展開とみることができます。日本の経済学者の諸富徹氏は 21 世紀に GAFAM（Google、Apple、Facebook［現、Meta］、Amazon、Microsoft）などデジタル・プラットフォーマーが市場支配力を高めていることに着眼し、「物的なもの」が「非物質的なもの」によって新たな価値を与えられ、資本主義が新しい発展段階へ進化を遂げつつある現象を「資本主義の非物質主義的転回」と呼んでいます。

　しかし、アメリカの経営学者のショシャナ・ズボフ氏は、デジタル化した資本主義を、人間の経験を行動データに転換し、その一部を行動余剰として AI が予測製品へと加工し、予測製品を行動先物市場で取引する資本主義の新しい蓄積形態と見ます。彼女は、この資本主義は、私たちに関する情報の流れを自動化するだけでなく、私たちを自動化するという意味で監視資本主義と呼んでいます。

　ズボフ氏のいう「行動余剰」を活用したものが、ビッグテックが運営するネット上の巨大な広告取引システムです。リアルタイム入札（RTB）と呼ばれる仕組みで、世界のデジタル広告市場の約 6 割を占めるディスプレイ広告で使われています。取引は千分の一秒単位で行われ、アメリカでは一日 2940 億回行われているとされます。

　こうした監視資本主義はアテンション・エコノミー（「関心を競う経済」）とも呼ばれ、AI を利用した資本は、デジタル・デバイスを媒体にして、私たちの気がつかない外部からの刺激で行動に影響を与え続けています。商業主義的なターゲットに合わせて私たちの行動は気づかないうちに操作され、修正されていくのです。

2 国・自治体のプラットフォーム化

⑴ デジタル・ガバメント

　データ駆動型社会であるデジタル社会は、データの連携を網の目のようにめぐらすことによって成立する社会です。そのためには、まず、国民や住民の情報をデジタル・データ化して、クラウドに蓄積することが必要です。見方を変えれば、オンライン化した行政手続は、申請・届出に必要な自己情報を国民や住民が自分の手でデジタル化して行政に提供させる仕組みといってよいでしょう。

　情報をデータとして保有している中央官庁や自治体の執行機関の行政をまずデジタル化し、データ相互の間の連携を取るようにすることがまず重要になります。デジタル社会を上から形成していく、それが「デジタル・ガバメント」です。

　デジタル・ガバメントという用語は、2017年5月に決定された「デジタル・ガバメントの推進方針（平成29年5月30日IT本部・官民データ活用推進戦略会議決定）」で初めて登場しました。この方針によれば、デジタル・ガバメントは、「デジタル技術を徹底活用した利用者中心の行政サービス改革」であり、かつ、「官民協働を実現するプラットフォーム」の構築を目指すものとされています。この推進方針を受けて、2018年1月に定められた「デジタル・ガバメント実行計画（平成30年1月閣議決定）」では、前者については、利用者にとって、「行政サービスが、『すぐ使えて』、『簡単で』、『便利』」であって、「行政のあらゆるサービスが最初から最後までデジタルで完結される」ものであることが目標とされ、後者については、「行政サービスや行政データの連携に関する各種標準、データ活用のインタフェース、データ連携のためのシステム基盤を整備することによって、官民を通じたデータ流

通を促進する」ことに加えて、「行政サービスや行政データを上記の各種標準に準拠させ、民間企業も含めた他の機関、他のサービスとの連携を意識した柔軟なシステムアーキテクチャやデータ構造とすることによって、サービス同士の融合による新たなイノベーションの創出」をすることが目標とされました。

　その後、デジタル・ガバメント実行計画の改定が重ねられますが、上記の２つの目標はいずれの改定でも維持されたところ、菅義偉政権の下で「デジタル社会の実現に向けた改革の基本方針（令和２年12月25日閣議決定）」の決定と同時に再改定された「デジタル・ガバメント実行計画（令和２年12月25日閣議決定）」（以下「実行計画2020」）には、同基本方針を受けて、新たに「国・地方デジタル化指針」の項目が設けられ、それを具体化する文書が同計画に「別添１ マイナンバー制度及び国と地方のデジタル基盤の抜本的な改善に向けて（国・地方デジタル化指針）」として添付され、各府省はこれに基づきマイナンバー制度および国と地方のデジタル基盤の抜本的な改善に向けた取組みを進めることとされました。

　また、実行計画2020は、総務省に「自治体DX推進計画」に基づいて、標準化されたシステムを前提とした業務プロセスの見直しや関連業務も含めたシステム最適化、行政手続のオンライン化などについて、各自治体において全庁的な推進体制を確立させて、計画的に取り組ませることとしました。

　なお、デジタル・ガバメント実行計画自体は、2021年12月にデジタル社会形成基本法37条１項に基づいて策定された「デジタル社会に向けた重点計画（令和３年12月24日閣議決定）」（以下「重点計画2021」）がデジタル・ガバメント実行計画の根拠規定であったデジタル行政推進法８条１項にも基づいて策定されたことにより廃止されています（「デジタル社会の形成に関する重点計画・情報システム整備計

画・官民データ活用推進基本計画について（令和3年12月24日閣議決定）」）。しかし、デジタル・ガバメントという用語は維持され、実行計画2020の内容は、「重点計画2022」の「国の情報システムの刷新」や「地方の情報システム」といった項目や、重点計画の別冊（「オンライン化を実施する行政手続の一覧等」）に引き継がれています。

(2) 自治体DXと自治体のプラットフォーム化

　前述のデジタル改革基本方針や実行計画2020が決定された同じ日に、総務省は、これらと平仄（ひょうそく）を合わせて「自治体デジタル・トランスフォーメーション（DX）推進計画」（以下「自治体DX推進計画」）を策定しました。[9]

　自治体DX推進計画は、DXによる自治体の内部への効果として、デジタル技術、データを活用することによる住民の利便性の向上、業務の効率化による行政サービスの向上、多様な主体によるデータの円滑な流通を促進することによる自らの行政の効率化・高度化を、外部への効果として、多様な主体との連携により民間のデジタル・ビジネスなどでの新たな価値等の創出、それによる日本の持続的かつ健全な発展と国際競争力の強化を挙げています。自治体DXは、住民と自治体のためにだけでなく、民間のデジタル・ビジネスの振興のためにも行われるわけです。

　もっとも、自治体DX推進計画において「重点取組事項」として、6つの事項——①自治体の情報システムの標準化・共通化、②マイナンバーカードの普及促進、③自治体の行政手続のオンライン化、④自治体のAI・RPA（Robotic Process Automation）の利用推進、⑤テレワークの推進、⑥セキュリティ対策の徹底——が挙げられており、いずれも住民の利便性の向上や業務の効率化に直結しているものといえます。民間のデジタル・ビジネスの振興に直接に資する「地域社会のデジタ

ル化」は「自治体DXの取組みと同時に取り組むべき事項」に、「オープンデータの推進」は「その他」の事項に置かれるにとどめられています。したがって、自治体DX推進計画の重点は、前出のデータ構造のアーキテクチャに照らせば、さしあたり第5層のデータ連携のためのルールの整備をし、これを、第6層の社会実装のうち行政に実装するところにあります。行政のプラットフォーム化の一部を実現するものではありますが、準公共分野や民間分野への横展開の観点からすると、データ駆動型社会の実現への一里塚でしかありません。

とはいえ、自治体DX推進計画は、自治体に情報システムの標準化・共通化といった施策を効果的に実行させるべく、国が主導的な役割を果たしつつ、自治体全体として、足並みを揃えて取り組んでいくための仕組みとして策定されたものです。したがって、国と自治体を通じたデジタル・ガバメントの実現過程において、国と自治体との関係は中央集権的に再編されることになります。

(3) 行政手続のオンライン化と情報システムの標準化・共通化

1) 自治体DX推進計画の目標

自治体DX推進計画で自治体が取り組むべき重点事項のトップ3、①自治体の情報システムの標準化・共通化、②マイナンバーカードの普及促進、③自治体の行政手続のオンライン化は、相互に密接な関係があります。

実行計画2020では、①処理件数が多く住民等の利便性の向上や業務の効率化効果が高いと考えられる手続、②住民のライフイベントに際し、多数存在する手続をワンストップで行うために必要と考えられる手続を、原則、全自治体で、後述するマイナポータルからマイナンバーカードを用いてオンライン手続で可能にすることが方針として掲げられていたところ（計画94頁、別紙4「地方公共団体が優先的にオ

ンライン化を推進すべき手続」）、自治体 DX 推進計画では、これらの手続のうち「特に国民の利便性向上に資する手続」とされた 31 手続がオンライン化の対象とされています（同計画［第 2 版］31 頁）。また、後出の「デジタル田園都市国家構想」においても、「オンライン市役所サービス」の充実を図るために、2022 年度中には引越手続のワンストップ化を実現するとともに、子育て・介護等の 31 手続が全ての地方公共団体においてオンラインで行えることが目指されています（「デジタル田園都市国家構想総合戦略（令和 4 年 12 月 23 日閣議決定）」［以下「デジタル田園総合戦略」］27 頁）。

　自治体 DX 推進計画によれば、自治体の標準的なシステムの構成は、マイナポータルと連携したオンライン手続を前提として設計されています。つまり、マイナポータルから自治体に送信されてきたデータが、自治体の基幹系システムに反映され、処理されるわけです。しかし、データが標準化されていないと、最悪の場合、職員が手動でデータを基幹系システムに再入力する作業が必要になります。これではデータをデジタル化した意味がなくなってしまいます。そのため、円滑なデータ連携を図るためには、情報システムの標準化、具体的にはデータ要件の標準化と連携要件の標準化が必要になります。これに法的根拠を与え、自治体に情報システムの標準化を強制するために、2021 年 5 月にデジタル改革関連法の一法律として「地方公共団体情報システム標準化法」（以下「標準化法」）が制定されました。

2)　情報システムの標準化・共通化

　標準化法 2 条 1 項は、政令で標準化対象事務を定めることとし、標準化対象事務を定める政令において、基幹系 20 業務（児童手当、子ども・子育て支援、住民基本台帳、戸籍の附票、印鑑登録、選挙人名簿管理、固定資産税、個人住民税、法人住民税、軽自動車税、戸籍、就学、健康管理、児童扶養手当、生活保護、障害者福祉、介護保険、国民

健康保険、後期高齢者医療、国民年金）が標準化対象事務とされています。標準化法6条1項は、標準化対象事務を所管する大臣が標準化に必要な機能要件を定めるとし、同法7条1項は、デジタル庁の主任の大臣としての内閣総理大臣と総務大臣が、標準化対象事務に共通する事項として、データ要件や連携要件の基準とセキュリティやガバメント・クラウドなどの非機能要件を定めるとしています。そして、同法8条1項は、自治体の情報システムはこれらの標準化基準に適合するものでなければならないと自治体に義務づけています。

　自治体の情報システムが標準化されたときのイメージ図（図3−2）が重点計画2022に示されていますが、国が指定するガバメント・クラウドの上に、各ベンダーが標準仕様に準拠したアプリケーションを構築し、自治体はその中から自らに最適と思われるものを選択すればよいということになっています（同計画110頁）。その結果、自治体は従来のようにサーバー等のハードウェアやOS・ミドルウェア・アプリケーション等のソフトウェアを自ら整備・管理することが不要となると想定されるところから、重点計画2022では、自治体の情報システムの運用経費等について、標準準拠システムへの移行完了予定後の2026年度までに、2018年度比で少なくとも3割の削減が目指されています（同計画111頁）。

　自治体によっては、20業務に関係する他の自治体独自の施策を行うために、従前から情報システムに操作項目を追加しています。しかし、標準準拠システムでは自治体独自の操作項目が入らないので、独自の施策を維持するためには、標準準拠システムの機能を一部改変したり、新しい機能を追加したりすることが必要になります。しかし、標準化法8条2項は、改変・追加を例外とし、必要最小限にせよとしています。そして、改変・追加は、標準仕様に改変のためのオプションがあらかじめ設定されていたり、パラメータで別システムを追加したりするこ

【目指す姿】
・地方公共団体の職員が真に住民サービスを必要とする住民に手を差し伸べることができるようにするなど、住民サービスが向上する。
・業務全体に係るコストを抑え、他ベンダーへの移行をいつでも可能とすることにより競争環境を適切に確保するなど、行政の効率化が図られる。

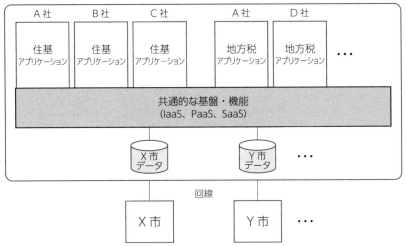

図3-2　地方の情報システムの刷新

出所：「デジタル社会の実現に向けた重点計画」2022年6月、110頁。

とができるような設計になっていなければ、できません。また、標準化対象外の事務については標準準拠の基幹業務システムとAPIを通じてデータ連携が取れるようシステムを別に構築する必要がありますが、それには別途開発費用がかかります。[10)]

　自治体の情報システムの標準化・共通化については、自治体やベンダーからいくつかの問題点が指摘されています。たとえば、2022年度には標準仕様が決定されていないにもかかわらず、2025年度までに20業務すべてについて標準化・共通化の作業を完了するという期限の設定がそもそも適切かどうか、ガバメント・クラウドの利用には従量制の通信費用がかかることから、運用経費等の3割削減ができるのか、

さらに、標準化・共同化が進められてしまうと、自治体の独自施策を維持できなくなるおそれがあるのではないか、といった危惧が関係者の間で共有されています。[11]

3　マイナンバーカードの普及促進

(1)　マイナンバーカードの機能

　前述したように、行政手続のオンライン化と情報システムの標準化・共通化は、データ駆動型社会の実現への一里塚でしかありません。デジタル社会は、行政分野で構築されたプラットフォームの横展開があってはじめて実現します。マイナンバーカードの普及促進は、横展開を促進する触媒となります。ここでは、この点を説明しましょう。

　マイナンバーカードは、正式には「個人番号カード」と呼ばれ、氏名、住所、性別、個人番号等を記載したもので、これらの記録事項が電磁的方法によって記載されたものとされます（番号法2条7項）。本来の目的は、マイナンバーとの関係においては個人番号利用事務等実施者が本人からマイナンバーの提供を受ける場合の本人確認の手段（番号法16条）です。しかし、定義では「行政事務の処理における本人確認の簡易な手段」（番号法3条3項）とされており、多くの場面で本人確認の手段として利用されることが予定されています。

　本人確認はカードの2つの利用箇所を通じて行われます。カード券面の箇所と電子証明書の箇所です。後者の電子証明書については、番号法ではなく、電子署名等に係る地方公共団体情報システム機構の認証業務に関する法律（「公的個人認証法」）がその内容などを定めています。

1)　券面の身元確認機能

　マイナンバーカードの券面の表側には氏名、出生年月日、性別、住

所といった基本4情報の記載と顔写真の画像があり、裏側にはマイナンバーが記載されています。表側は対面における身分証明書として利用され、裏側は対面におけるマイナンバーの確認に利用されます。また、券面情報は、マイナンバーカードに貼付されているICチップのなかの券面事項確認アプリに記録されており、専用のカードリーダーを使用することで、当該情報を視認することができます。これにより、券面の記載情報や顔写真が真正であることを確認することができます。なお、ICチップには券面事項（基本4情報、マイナンバー）のテキスト・データを格納する券面事項入力補助アプリもインストールされており、基本情報やマイナンバーのテキスト・データを申請書の自動作成や対面での入力作業に利用するために、そのアプリから読み出しが可能となっています。

　このようにマイナンバーカードの券面は、対面においてカード所持者が本人であることを確認する機能（身元確認機能）、すなわち身分証明書としての機能を有しているわけです。

2)　電子証明書の当人認証機能

　もう一つの本人確認の方法である電子証明書には2種類あります。一つ目は、署名用電子証明書で、オンライン手続において、送信されたデータが本人が作成したものであること、データの改ざんがされていないことを確認するために利用されます。二つ目は、利用者証明用電子証明書で、後述のマイナポータルや住民票のコンビニ交付のためのログインの際の当人認証のために利用されます。いずれの電子証明書もICチップの中の公的個人認証（JPKI）アプリに記録されており、暗証番号の入力と合わせてカードリーダー（NFC［近距離無線通信］技術を搭載したスマートフォンを含む）を通じて公的個人認証サーバーとの間での本人照合のために使用され、これによってマイナンバーカード所持者は本人としてオンライン手続を開始したり、完了させた

りすることができます。

　両者の差異は、電子証明書内に基本 4 情報を保持するか否かです。申込時等に電子署名用途で利用される署名用電子証明書には、申込者等の正確な住所等の確認が必要であるため、電子証明書内に基本 4 情報が保持されています。インターネットサイト等のログインに利用される利用者証明用電子証明書には、本人であることが確認できれば良いため、基本 4 情報が保持されていません。

　マイナンバーカードの電子証明書は、マイナンバーカードの所持（所有物認証）と本人しか知らない暗証番号（知識認証）とを組み合わせることで、オンライン手続をしている者が当人であることを証明するものです。これがないとオンライン化した行政手続を利用できないので、マイナンバーカードが「デジタル社会のパスポート」（デジタル田園総合戦略 27 頁）と称されるだけの理由があるわけです。

3）　マイナンバーカード利用の横展開

　マイナンバーカードが「デジタル社会のパスポート」と称されるのは、オンライン化した行政手続を利用する際に必要とされるからだけではありません。マイナンバーカードは、「行政事務以外の事務の処理において活用が図られる」（番号法 3 条 3 項）ものとされています。活用方法として 3 つの方法があります。

　まず、ひとつは、番号法が明文で定めている活用方法で、市区町村が地域住民の利便性の向上に資するものとして条例で定める事務（番号法 18 条 1 号）――公共施設の利用予約、地域通貨の電子マネーカードなど――や、国民・住民・利用者の利便性の向上に政令で定める行政機関、地方公共団体、民間事業者が特定の個人を識別して行う事務を処理する当該事務（番号法 18 条 2 号、令 18 条 2 項各号）――公務員身分証、企業の入退館カードとしての利用など――について、当該事務専用のアプリを IC チップの空き領域にインストールする方法です。

これにより、これらの事務でマイナンバーカードの活用が可能となります。もっとも、IC チップには 20 個程度のアプリの収納ができる程度の空き領域しかないので、この方式を多用することはできません[12]。

　またひとつの活用方法は、公的個人認証法が定める利用者証明用電子証明書に付されている発行番号（＝シリアル番号）を利用する方法です。これは、先ほど説明した JPKI アプリを使用する方式です。利用者証明用電子証明書の発行番号とサービスの利用者識別番号とを当該サービスのシステム内で紐づけ、当該サービスを利用するときに、利用者識別番号の代わりに利用者のマイナンバーカードに記録されている利用者証明用電子証明書でもって利用者の本人確認をする方式です。マイナポータル、国税電子申告・納税システム e-Tax などで採用されています。前述の空き領域にアプリをインストールする方式に比べると量的な限界はありませんが、暗唱番号を入力する必要があること、公的個人認証サービスを利用するために外部通信する必要があること、サービスのシステム内に利用者証明用電子証明書の発行番号を保持する必要があることから、この方式はサービス提供者には管理上の負担となります。なお、健康保険証の代わりにマイナンバーカードを利用することができるのも、この方式によるものですが、専用のカードリーダーを使うと、券面事項確認アプリに記録されている写真データとの照合による顔認証でもって暗唱番号の入力に代えることができる仕組みが採用されています。また、第 211 回国会で審議中の公的個人認証法の改正案では、暗証番号の入力を伴わずに利用者の確認をする方式も可能とする条項が追加されています（番号法一部改正法案 4 条〔公的個人認証法に 38 条の 4 を追加〕）

　もうひとつの活用方法は、マイキーID を利用する方法です。マイキープラットフォームというデジタル庁が管理しているプラットフォームは、マイナンバーカードの保有者に対して、利用者証明用電子証明

書に付された発行番号と紐づいたマイキーIDを発行し、ICチップの例の空き領域に書き込みを行うとともに、自らのなかにマイキーID管理テーブルを保持します。サービス利用の際にマイキーIDを本人確認のために利用したいサービス提供者は、マイキーID管理テーブルに当該サービスの利用者識別番号を登録し、マイキーIDと利用者識別番号を紐づけ、当該サービスを利用するときに、利用者のマイキーIDをマイキープラットフォームのマイキーID管理テーブルと照合し、利用者の本人確認をする方式です。

　この方式は、JPKIアプリを使用しないので、利用者の暗証番号の入力は必ずしも必要とされません。また、サービス提供者がサービスのシステム内にマイキーIDを保持する必要がない点でサービス提供者に管理上負担をかけない方式です。マイキーIDは、現時点ではマイナポイントを利用するために決済カードとの紐づけや、一部の自治体で図書館の利用者カードとの紐づけに使用されています。今後この方式を採用するサービスは拡大すると思われます。

　このようにマイナンバーカードは、行政分野＝公共分野におけるオンライン行政手続における当人認証だけでなく、行政分野以外の分野＝準公共分野および民間分野でのサービス利用における当人認証にも利用されており、近年は後者の利用に重点が置かれているようにも見えます。所有物認証と知識認証（さらに一部生体認証〔顔認証〕）を伴うマイナンバーカードによる認証は、たしかに、サービス利用における「本人なりすまし」を防止する上である程度の効果が期待される手法といってよいかもしれません。しかし、マイキーIDの利用や暗証番号入力を要しない利用者証明用電子署名書の利用の拡大は、マイナンバーカードによる認証のレベルを下げるものです。そうすると、マイナンバーカードを住民に所持させること自体が近時の政策目的であるように見えます。この点は後ほど改めて検討を加えます。

(2) マイナポータルの機能

1) 記録開示機能

さて、マイナポータルは、正式には「情報提供等記録開示システム」（番号法附則6条3項）といい、情報提供ネットワーク上で行われる特定個人情報（マイナンバーを含む個人情報）のやり取りの記録（同法23条）を開示することを第一義的な目的とするシステムです。[13] 本人に対して情報提供等に関する記録を開示することは、特定個人情報に対する本人によるコントロールを確保するために必要な仕組みです。この機能はマイナポータルで「やりとり履歴」と表示されています。

2) オンライン手続のハブ機能

ところで、マイナポータルには「手続の検索と電子申請」と表示された機能があります。この機能を利用すると、国だけでなく自治体の手続についての検索やオンライン申請ができるように設計されています。重点計画2022によれば、地方公共団体は、原則2022年度末を目指してマイナポータルからマイナンバーカードを用いて、子育て・介護等、転出届・転入予約のオンライン申請ができるようにすることとされています（同66頁）。

3) マイナポータル利用の横展開

さらに、マイナポータルは、国民の利便性の向上を図る観点から、民間での活用を視野に入れた情報提供等記録開示システムの利用を図ることも企図されています（番号法附則6条4項）。マイナポータルには、上記の特定個人情報のやりとりの記録（ログ）を本人開示する機能だけでなく、所得や個人住民税など行政機関が持つ自己情報を本人に開示する機能があります。この機能は自己情報確認機能と呼ばれ、個人情報保護法に基づく本人情報の簡易な開示請求手段です（番号法附則6条4項1号）。マイナポータルでは「わたしの情報」と表示されています。

ところが、マイナポータルには、「わたしの情報」で表示される自己情報を本人の同意に基づいて外部に提供する機能も実装されています。たとえば、住宅ローンを申し込むには、通常はマイナポータルにログインし自己情報をダウンロードし、銀行のWebサイトにログインして、自己情報と併せて申請をするというように、2つのWebサイトにアクセスしなければなりません。これに対して、自己情報確認機能を利用すると、マイナポータルにログインし、自己情報を提供することに同意するとしておけば、銀行はマイナポータルを通じて所得証明の照会をかけ、その情報を取得することが可能になります。つまり、銀行のWebサイトにアクセスしローンを申請すれば、所得等の自己情報はマイナポータルを通じて提供されるわけです。

　この機能は、民間サービスを含め複数の手続を1か所で済ますことができる「コネクテッド・ワンストップ原則」を可能とするもので（番号法附則6条4項3号）、自己情報取得APIという技術によって実現されています。自己情報取得APIは、2022年度から24時間365日いつでもその機能が利用できるようになっています。

　自治体が具体的に自己情報取得APIを利用している事例として、神奈川県の「マイ未病カルテ」というシステムがあります。これは、マイ未病カルテのためのデータを格納したサーバーがあるわけではなく、住民はスマホにこのアプリをダウンロードし、体重や歩数などの日々の記録、処方された薬情報、母子健康手帳や健診などの情報を一覧で管理できるようになっています。さまざまな機関のサーバーに保存されている自己情報についてアプリを通じて取得し、それらをスマホに表示する仕組みです。

　住民は、自己情報取得APIを通じて、さまざまなサービスをワンストップで利用することができるようになります。例えば、重点計画2022で想定されている引越しワンストップサービスでは、引越しにと

もなう手続で同じ書類を何度も出す必要はありません。民間事業者が開設した引越しポータルサイトで引越し情報を入力すれば、自治体の行政手続を済ますことができるだけでなく、電気やガスなどの事業者の手続を済ますこともできます（同計画65頁）。

　マイナポータル自体が横展開用のプラットフォームになっているといってよいでしょう。

(3)　マイナンバーカードの「市民カード」化

　前述したようにマイナンバーカードは、オンライン化した行政手続、公的保険医療の受診、市区町村の施設の利用、地域通貨としてのポイント制の利用など生活のさまざまな局面で使われつつあります。マイナンバーカード1枚をかざせばさまざまなサービスの利用ができるようになるという意味で、マイナンバーカードの「市民カード化」が進行しています。[14]見方を変えれば、マイナンバーカードを持たないと行政分野、準公共分野、さらには民間分野のサービスを利用できないあるいは利用するのにひと手間かけなければならないことになります。マイナンバーカードを持たない者には、市民生活にかなりの支障が生じることになります。

　それにしても、なぜ、これほどまででマイナンバーカードの利用範囲を拡大し、普及を進めるのでしょうか。

　ひとつには、行政から発出し流通するデータの信頼性を確保するためです。マイナポータルを通じて申請や届出といった行政手続をオンラインで行うにはマイナンバーカードの使用が求められるところ、マイナンバーカードの当人認証機能は入力したデータが当人から発したものであることを確保してくれるので、オンライン化した行政手続を通じて収集されたデータについては信頼性が高いといってよいでしょう。

またひとつは、住民の個人情報をより広く収集し、ビッグデータとしての活用を図るためです。マイナンバーカードの横展開は、行政分野だけでなく、準公共分野や民間分野におけるマイナンバーカードの利用シーンを拡大するところ、マイキーIDと紐づけられた各種のサービスの利用情報を解析することで、利用者の属性を析出することも可能な場合があるので、これらの利用情報はビッグデータの素材ともなり得ます[15]。

もうひとつは、身分証としてマイナンバーカードを常時携帯させるためでしょう。マイナンバーカードには身元確認機能があると説明しました。しかし、現在は、身元確認機能を有する証憑としては自動車運転免許証、健康保険証、在留カードなどがあり、かりに身元の確認を求められることがあってもいずれかを呈示すれば済みます。しかし、これらをすべてマイナンバーカードに一本化すれば、とにかく国民ないし住民（在留外国人を含む）はマイナンバーカードを常時携帯せざるを得ないことになります。マイナンバーカードには顔写真が印刷されているだけでなく、その画像データがICチップに記録されているので、精度の高い身元確認が可能となります。将来的には、カードリーダーを装備した警察官が職務質問をする際に、マイナンバーカードはその「有用性」を発揮することになると思われます[16]。

4　データ連携基盤の構築

マイナンバーカードの普及は、マイナポータルの利用者を増やし、マイナポータルの横展開を可能とします。しかし、それは社会全体をデータ駆動型社会として回転させる駆動力としては不十分です。というのは、データ駆動型社会は新しい価値を創出する社会であるべきところ、マイナポータルを通じた情報提供は手続の利便性の向上にとど

まるからです。そこで、必要とされるのがデータ連携基盤です。データ連携基盤は、民間事業者が創出する新しいサービスの利用に必要なデータを公共分野や準公共分野からAPIを通じて引き出すことを容易にする仕組みです。このデータ連携基盤を全国各地に構築することを政策目標としているのが、デジタル田園都市国家構想です。

(1) デジタル田園都市国家構想

　デジタル田園都市国家構想は、岸田文雄政権が掲げる「新しい資本主義」の重要な柱の一つに位置づけられています。この構想は、障害物と捉えられがちな地方の社会課題を、地域社会のデジタル化を通じて「成長のエンジン」へと転換しようというものです。また、地方の社会問題の解消の手法として、「個人の多様な生活や価値観に寄り添う共助のビジネスモデル」の構築も提唱されています。ただ、ここでいう「共助」とは、従来のようなNPOや地域運営組織といったような非営利的な組織によるものに限られず、「シェアリングエコノミーや民間の創意工夫が発揮されるPPP/PFI手法等の活用、共助を担うソーシャルベンチャーの創出」がそのなかに入っているのが特徴です。

　「デジタル田園都市国家構想基本方針（令和4年6月4日閣議決定）」（以下「デジタル田園基本方針」）では、4つの取組み——①デジタルの力を活用した地方の社会課題解決、②デジタル田園都市国家構想を支えるハード・ソフトのデジタル基盤整備、③デジタル人材の育成・確保、④誰一人取り残されないための取組み——を行うこととされています。なかでも「デジタルの力を活用した地方の社会課題解決」の取組みにおいては、2024年度末までにデジタルの実装に取り組む自治体1000団体の達成を目指し（同方針11頁）、都市・地域課題の解決を図る「スマートシティ」を2025年度までに100地域構築するとしています（同方針16頁）。[17]

デジタル田園都市の構築は、「まずは、先進的なサービスの開発・実装から展開し、徐々にその充実を図り、民間同士、官民など、セクター間のデータ連携実需が見えてきた段階で、データ連携基盤の整備をはじめる」といった進化プロセスとして描かれており、自治体におけるデジタル実装は、データ連携基盤の整備に向けた入口と位置づけられています。[18]

　デジタル田園都市国家構想の実現のための事業支援は 2021 年度補正予算で設けられたデジタル田園都市国家構想推進交付金でもって行われていましたが、デジタル田園基本方針を受けて、同推進交付金は従前の地方創生推進交付金および地方創生拠点整備交付金とともにデジタル田園都市国家構想交付金に統合されました（同方針 15 頁）。そして、2022 年度第 2 次補正予算以降、同交付金による事業支援が行われています。

　デジタル田園都市国家構想交付金には、「デジタル実装タイプ」、「地方創生推進タイプ」および「地方創生拠点整備タイプ」があります。そのなかでもデジタル実装を直接に支援するのは、「デジタル実装タイプ」と「地方創生推進タイプ」のうちの「Society 5.0 型」です。

　「デジタル実装タイプ」は、デジタルを活用した地域の課題解決や魅力向上の実現に向けた取組みを行う地方公共団体に対し、その事業の立ち上げに必要なハード／ソフト経費を支援するものです。「デジタル実装タイプ」には、「優良モデル導入支援型（TYPE1）」（他の地域で既に確立されている優良モデルを活用した実装の取組み）、「データ連携基盤活用型（TYPE2）」（デジタル原則とアーキテクチャを遵守し、オープンなデータ連携基盤を活用する、モデルケースとなり得る取組み）、「マイナンバーカード高度利用型（TYPE3）」（新規性の高いマイナンバーカードの用途開拓に資する取組み）、「マイナンバーカード利用横展開事例創出型」（マイナンバーカード交付率が高い団体に

おける全国への横展開モデルとなる先行事例構築に寄与する取組み）、および「地方創生テレワーク型」（「転職なき移住」を実現するとともに、地方への新たなひとの流れを創出する取組み）があります。2023年3月10日に採択結果が公表され、TYPE1には847団体1687事業が、TYPE2には24団体24事業が、TYPE3には8団体8事業が、マイナンバーカード利用横展開事例創出型には52団体52事業が、地方創生テレワーク型には63団体76事業が採択されました[19]。

　「地方創生推進タイプ Society 5.0 型」は、主に各省庁等で実証され、今後、未来技術を活用した新たな社会システムづくりの全国モデルとなりうる事業の普及・実用化を目指し、数か年度にわたり継続的に財政支援を行うものです。すでに27事業が採択されています。

　デジタル田園都市国家構想は、TYPE2 および TYPE3 が目指すデータ連携基盤の構築や、Society 5.0 型の名称そのものに端的に表れているように、地域をデータ駆動型社会へと転形し、Society 5.0 を実現する地域・都市を国土全体に建設するというものです。見方を変えれば日本全体に監視資本主義を浸透させようとするものだといってよいかもしれません。

⑵　データ連携基盤構築の先進事例

　先進的にデータ連携基盤を構築している自治体のひとつに、福島県会津若松市があります。同市の「複数分野データ連携の促進による共助型スマートシティ推進事業」は、2021年度補正予算でデジタル田園都市国家構想推進交付金の対象事業の TYPE3 として、2022年度補正予算でもデジタル田園都市国家構想交付金の対象事業の TYPE3 として採択されています。

　同市は、早くから市のスマートシティ化に先鞭をつけ、市の第7次総合計画（2017年2月）においてスマートシティを「ICT を活用し、

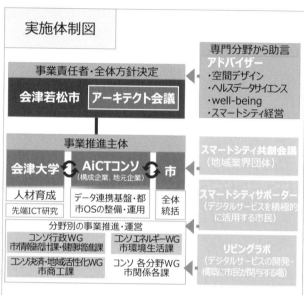

実施体制図

専門分野から助言
アドバイザー
・空間デザイン
・ヘルスデータサイエンス
・well-being
・スマートシティ経営

事業責任者・全体方針決定
会津若松市 **アーキテクト会議**

事業推進主体
会津大学 **AiCTコンソ**（構成企業、地元企業）**市**

スマートシティ共創会議（地域業界団体）

人材育成	データ連携基盤・都市OSの整備・運用	全体統括
先端ICT研究		

スマートシティサポーター（デジタルサービスを積極的に活用する市民）

分野別の事業推進・運営
コンソ行政WG
市情報統計課・健康増進課
コンソエネルギーWG
市環境生活課
コンソ決済・地域活性化WG
市商工課
コンソ 各分野WG
市関係各課

リビングラボ（デジタルサービスの開発・構築に市民が関与する場）

○ 市、会津大学、一般社団法人AiCTコンソーシアム（以下「AiCTコンソーシアム」という。）が令和4年4月20日に締結した「スマートシティ会津若松に関する基本協定」による3者の連携体制をもとに本事業を推進。

○ 会津若松市が事業責任者となり、事業実施者である会津大学、AiCTコンソーシアムの代表者、地域の有識者である顧問とともにアーキテクト会議を組成して、事業全体を統括。

○ 分野別の各事業については、AiCTコンソーシアム内の分野別WGを中心に、市担当課、地域企業・団体等が連携して推進。

○ また、市はアドバイザーを委嘱して各専門分野の知見から助言を頂く他、地域業界団体等からなる「スマートシティ共創会議」及びデジタルサービスを積極的に利用する市民等からなる「スマートシティサポーター」等とも連携しながら事業を実施。

図3-3　複数分野データ
出所：会津若松市「R5_デジ田交付金デジタル実装タイプTYPE3申請概

生活に関わる社会資本などを効率的に運営＝スマート化することにより、"快適に暮らすことが可能になるまち"を目指していくものであり、具体的には、エネルギー、交通システム、上下水道などの社会資本の整

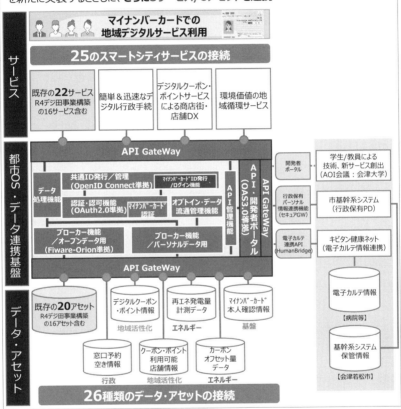

システム構成図

既に合計22サービス/20アセット/3外部システムを連携する巨大な都市OSエコシステムに、**すべてのサービスにおいてマイナンバーカードによるサービス利用を可能とする機能**を新たに実装するとともに、**さらに3サービス/6アセットを連携**

連携の促進による共助型スマートシティ推進事業
要」より。

備をはじめ、医療・介護サービス、教育、防災などの面で、いわゆる
『まちの"見える化"』を図っていく取組の"総称"として性格づけています（同計画12頁）。「まちの"見える化"」とは、人口や事業所、販

売額をはじめとする統計データやその他のさまざまなデータを、地図上で高さと色を使って三次元で表現する「都市構造の可視化」のコンセプトを、対人サービス分野に拡張したものです。若松市は、ICT 専門の大学である会津大学との連携の下、ビッグデータを分析していくことによる新たなサービスの創出、アナリティクス人材の育成、アナリティクス産業の集積を地域の再生・活性化につなげようと企図しています（同計画 13 頁）。

さて、会津若松スマートシティのデータ連携は、"見える化"のために作成した 20 種類のデータ・アセット（基本属性情報、オープンデータ、購買履歴データ、災害時安否情報、観光場所情報、地域農作物受給情報、ヘルスケア IoT 機器情報）と、22 のサービス（行政手続申請、地域通貨決済、デジタル防災、視察者向け観光アプリ、地産地消マッチング、オンライン診察／健康管理など）と、さらに 3 つの外部連携システム（市基幹系システム［行政保有パーソナルデータ］、キビタン健康ネット［電子カルテ情報連携］、技術・新サービス創出［会津大学］とをデータ連携基盤を通じて連携させシステム構成によって実現するものとされています（**図 3-3** を参照）。

(3) データ連携基盤の運営主体

このような大規模なシステムは自治体だけで構築・運営することはできません。会津若松市では、多国籍企業で総合コンサルティング会社のアクセンチュアが主導して、スーパーシティ AiCT（アイクト）コンソーシアムが設けられ、同コンソーシアムがデータ連携基盤の運営を行っています。交付金との関係で会津若松市が責任主体とはなっていますが、システムの構築・運営のために、さまざまな主体が参加するアーキテクト会議が組織され、そこが事業全体を統括しています。自治体は、アーキテクト会議の一構成員にとどまらざるをえません。住

民の意思や地方議会の意思がきちんと反映されるのか、住民自治の観点からはより深い検討が必要です。

5　自治体の個人情報保護制度の見直し

(1)　個人情報保護制度の見直しの背景

　自治体 DX は、多様な主体相互の間の連携により民間のデジタル・ビジネスなど新たな価値等の創出を狙いとしています。この多様な主体相互の間の連携とは、すでに説明したように、それぞれの主体が運営している情報システムの相互の間でデータの連携によって行われます。情報システムの相互の間でデータの連携を実現するためには、情報システムを実装しているコンピューターないしサーバー同士をオンラインで結合することが必要です。しかし、これまで、自治体の多くは、セキュリティを確保するために庁内のコンピューター等を外部のコンピューター等とオンラインで結合することを制限し、かりに結合を認める場合でも、有識者や住民で構成される、第三者機関である審議会等の意見を聴くという公正かつ透明な手続を経ることを原則としてきました。これに対して、これまで国の行政機関にのみ適用されていた行政機関個人情報保護法（2022 年 4 月 1 日廃止。「旧行個法」）や国の独立行政法人等に適用されていた独立行政法人等個人情報保護法（2022 年 4 月 1 日廃止。「旧独個法」）にはそのような制限規定はありませんでした。このように国の行政機関や独立行政法人等に適用される個人情報保護制度と自治体が独自に定める個人情報保護条例等に基づく個人情報保護制度には差異があり、国内に自治体や広域連合など約 2000 団体があることに因んで「2000 個問題」とも呼ばれていました。

　そこで、自治体の独自の個人情報保護制度が情報システム相互の間

の連携、すなわち個人情報の流通を妨げているのではないかとの認識に基づいて、デジタル改革関連6法の一つであるデジタル社会形成整備法によって個人情報保護法が改正されました[20]。この改正により、旧行個法や旧独個法は廃止され、それまで民間事業者にのみ適用されていた個人情報保護法（「旧個情法」）が改正され、新しい個人情報保護法（「個情法」）となり、同法が国の行政機関や独立行政法人等にも適用されるようになりました。それだけでなく、2023年4月1日より同法は自治体の執行機関にも適用されることになりました。同法は、旧行個法や旧独個法と同様に、オンライン結合の制限の定めや、オンライン結合の可否、目的外利用・外部提供の可否について審議会等への意見聴取の定めを置いていません。そのため、各自治体は、2023年4月1日までに従前の個人情報保護条例と個情法との調整を行わなければならなくなりました。

　個情法を所管する機関となった個人情報保護委員会（「個情委」）は、「個人情報保護やデータ流通について直接影響を与えるような事項であって、法に委任規定が置かれていないもの（例：オンライン結合に特別の制限を設ける規定、個人情報の取得を本人からの直接取得に限定する規定）について、条例で独自の規定を定めることは許容されない」（「個人情報の保護に関する法律についてのガイドライン（行政機関等編）」[2022年4月] 74頁）との見解をとっています。さらに、審議会等への意見聴取についても、個情委は、「個人情報の取得、利用、提供、オンライン結合等について、類型的に審議会等への諮問を要件とする条例を定めてはならない」との見解もとっています（同70頁）。さらに、個情委は、自治体の個人情報保護制度の運用を監視し、委員会において個情法に違反した運用をしていると認める自治体に対して指導、勧告をする権限を有しています（個情法156条〜159条）。そのため、自治体の実務担当者は、正面切って個情委の見解と異なる法

解釈を差し控えようという考えに誘われ、そのような思考に基づいて、全国の自治体において個人情報保護制度の見直しが行われました。

　しかし、これまで旧個情法が自治体に適用されなかったのは、地方自治の保障の原則に由来します。自治体は、オンライン結合の可否の判断だけでなく、要配慮個人情報の取得の可否、目的外利用や外部提供の可否の判断に際しても、上記の審議会等の意見を踏まえながら、住民の個人情報の安全を確保してきました。したがって、住民の権利利益の保護の観点から個情法で不十分と思われる部分については、自治体が独自のポリシーに基づいて住民の個人情報を保護することは当然に許されます。

　この点に関しては、「法律により、既にある地方公共団体の個人情報保護制度を強制的に画一化することは、地方自治法の上記諸規定に反するにとどまらず、憲法の保障する地方自治の本旨を否定し、条例制定権を不当に制約するものであって、憲法違反の疑いが強い」（日本弁護士連合会「個人情報保護条例の画一化に反対する意見書」［2021 年11 月 6 日］）とする見解も有力に唱えられています。この見解は、地方自治の保障の趣旨を踏まえた正当なものです。[21]

　そこで、このような個人情報保護における国家統制と自治との緊張関係の下で、筆者が住んでいる滋賀県において各自治体が個人情報保護制度をどのように見直したのかを見ることにします。なお、以下の叙述は、滋賀自治体問題研究所が 2022 年度に行った「滋賀県下自治体の DX 推進施策が地方自治と住民の暮らしへ及ぼす影響評価に関する調査」のうち筆者が担当した「4-3　個人情報保護条例の見直し」に依拠しています。

⑵　個人情報保護条例の見直し―滋賀県の場合―

　執筆時点で（2023 年 3 月 21 日現在）、条例（案）の具体的内容を把

握できた自治体数は 11 自治体（滋賀県、大津市、草津市、守山市、野洲市、甲賀市、東近江市、彦根市、米原市、高島市、日野町）でした。

　まず、従前の個人情報保護条例そのものについては 11 自治体すべてが廃止することとし、それに代えて個人情報保護法施行条例（以下「施行条例」）を制定しました。どの自治体も、施行条例（案）には、要配慮個人情報の取得の制限およびオンライン結合の制限に関する定めならびに要配慮個人情報の取得の可否、オンライン結合の可否および目的外利用・外部提供の可否についての審議会等への意見聴取の定めを置きませんでした。個情委の見解に従って見直しが行われたということになります。

　ところで、かりにあらかじめ個々の事案の可否について審議会等に意見聴取をすることが許されないとしても、実施機関においてした個人情報の取得、利用、提供、オンライン結合等の可否の判断の結果を審議会等に当該自治体の個人情報保護制度の運用の実態として報告すること、その報告について個情法に照らして審議会等が意見を述べることについては個情委の見解との関係でも問題がないはずです。

　このような問題意識から、これら 11 自治体の施行条例（案）または審議会等の設置に関する条例（案）を見るに、残念ながら、個人情報の取得、利用、提供、オンライン結合等の可否の判断の結果を審議会に報告する旨の定めを置いている条例を 11 自治体から見出すことはできませんでした。もっとも、守山市の施行条例には「市長は、毎年 1 回、この条例の運営状況を審査会に報告するとともに、市民に公表しなければならない。」（13 条）との定めがあります。他の自治体は公表の定めを置くにとどまっていることに比べると、審査会により積極的な役割を期待しているといえます。

　また、従前の個人情報保護条例および審議会等の設置に関する条例に審議会等が実施機関に対し個人情報保護制度の運用について意見を

述べることができる旨の規定を条例に置く自治体は、これら11自治体のうち6自治体（滋賀県、大津市、草津市、守山市、米原市、日野町）にとどまりました。それどころか3自治体（甲賀市、彦根市、高島市）は、廃止前の個人情報保護条例には同旨の規定を置いていたにもかかわらず、施行条例（案）や審議会等の設置に関する条例（案）では削除されてしまいました。理由は詳らかではありませんが、審議会等から事後的に意見を聴くことすらも、個情法の解釈は個人情報保護委員会に一元化されているといった同委員会の理解（「令和3年改正法では、社会全体のデジタル化に対応した個人情報の保護とデータ流通の両立の要請を踏まえて、地方公共団体の個人情報保護制度についても、法の規律を適用して解釈を委員会が一元的に担う仕組みが確立されたところ、地方公共団体の機関において、個別の事案の法に照らした適否の判断について審議会等への諮問を行うことは、法の規律と解釈の一元化という令和3年改正法の趣旨に反するものである。」［ガイドライン70頁］）に反することにもなると各自治体の実務担当者が捉えたからではないかと思われます。

　しかし、憲法92条および94条を踏まえて、地方自治法は、「法律又はこれに基づく政令により地方公共団体が処理することとされる事務が自治事務である場合においては、国は、地方公共団体が地域の特性に応じて当該事務を処理することができるよう特に配慮しなければならない。」（自治2条13項）と定めています。その趣旨は、自治体には法令の自主解釈権があり、それに基づいて自治体は条例を制定することができるというものです。ましてや、自治体は、個人情報保護制度の運用において個情委よりはるかに先駆的・実践的に取り組んできました。自治体は、実践に基づく豊富な経験と蓄積を有しており、それは決して個情委に劣後するものではありません。

　このように考えるならば、守山市の個人情報保護法施行条例（案）

は多少なりとも自主解釈権を発揮したものといってよいでしょう。これに対して、審議会等から個人情報保護制度の運営に関する意見申述権限すらもはく奪するのは、個人情報保護委員会の見解への過剰な迎合といえましょう。

6　データ駆動型社会の自治体像

　この章では、デジタル社会がデータ駆動型社会であること、そして、データ駆動型社会はデータの流通とデータの連携によって実現されること、日本でのデジタル社会の形成は、最大のデータ保有主体である国や自治体の行政のプラットフォーム化と準公共分野や民間への横展開に依存していることを前提として、国が自治体 DX 推進計画において自治体に「慫慂」または「強要」している諸施策を見てきました。それでは、DX を遂げた自治体、すなわちデータ駆動型社会の自治体は住民からはどう見えるのでしょうか。

　自治体 DX が「住民の利便性の向上」と、「業務効率化」によって「人的資源を行政サービスの向上に繋げていく」ことを直接の目的としていることはすでに説明したとおりです。

　「オンライン市役所」は、役所まで行く手間が省けるという点でデジタル・スキルに習熟した住民にとって利便性が向上することは間違いないでしょう。窓口に赴く住民が少なくなれば、その分だけ、職員は、来所した住民に時間を割いたり、あるいは、来所できない住民を訪問したりする余裕ができるという点で「人的資源を行政サービスの向上に繋げていく」ことにもなるでしょう。

　しかし、2040 年頃の日本社会を展望して作成された「自治体戦略2040 構想研究会　第二次報告（平成 30 年 7 月）」は、「スマート自治体への転換」の項目において、自治体におけるデジタル技術の活用に

より従前の半分の職員で行政サービスを提供することができると予想しています。最近では、デジタル庁は、「自治体窓口DX『書かないワンストップ窓口』」と称して、ベンダーが設計した、複数の標準システムを業務内容に応じて組み合わせて、一つの窓口で来所した住民からの申請や届出を職員がその場でデジタル入力して処理するといった、窓口のデジタル化・ワンストップ化（一本化）の導入を推奨しています。[22)] 窓口のたらい回しがなくなる点で、来所した住民にとって利便性が向上するように見えます。しかし、窓口を一本化することにより、関係課の職員が住民に直接に会って話を聴く機会を失うことになります。これは、オンライン化した行政手続にも当てはまることです。ともあれ、これが実装されれば、関係各課で窓口対応をする職員は不要になり、職員の削減に繋げやすくなるのは必定です。

　また、情報システムが標準仕様に基づいて設計され、SaaS（Software as a Service）として利用に供されるようになると、これまであった法定の住民サービスの自治体間の差異はなくなるだけでなく、同じシステム内で標準化対象事務のデータとの連携をとっていた独自の事務についても、システム維持に必要とされる経費の観点から事務そのものが廃止となり、自治体の事務全体の標準化・均質化が進むでしょう。どの自治体に住んでも同水準のサービスを受けることができるという点で「利便性の向上」ともいえるかもしれません。

　しかし、システムによって自治体の事務の内容が左右される結果、地域の課題解決に関し住民の要望があっても、システム改修の必要性を理由に新しいサービスの創出を認めないこともあり得ます。その意味で、自治の発揮が阻害される状態になるでしょう。

　地域の課題解決に必要なサービスを自治体が直接に提供できない場合には、「民間のデジタル・ビジネスなど新たな価値等〈の〉創出」に委ねることになります。デジタル田園基本方針では「シェアリングエ

コノミーや民間の創意工夫が発揮される PPP/PFI 手法等の活用、共助を担うソーシャルベンチャーの創出」が謳われています。

　標準システムにより標準化したデータ構造は、民間のデジタル・ビジネスとのデータ連携を容易とするので、民間のデジタル・ビジネスのオンライン・サービスが行政サービスのフロントエンドを担うことを可能とし、公・共・私の間の垣根は低くなります。結局のところ、自治体 DX は民間サービスと行政サービスとのいっそうの連携等を通じて民間のデジタル・ビジネスに新たな機会を提供することに主眼があるといってよいのかもしれません。

　しかし、そのことにより、自治体が住民に対して負う責任の質が大きく変わることになります。先に言及した「自治体戦略 2040 構想研究会　第二次報告」は、「公共私によるくらしの維持」の項目で、サービスの提供はシェアリングエコノミーや地域運営組織に委ね、自治体がプラットフォーム・ビルダーになることを奨めています。個情法の下で進められた自治体の個人情報保護制度の見直しも、住民の個人情報の保護者から住民の個人情報の提供者に自治体を変えてしまうものといえましょう。

　新たなデジタル・ビジネスの創出のために必要とされるデータ連携基盤の設計、管理、運営などは自治体だけでできるはずもなく、自治体とは別の運営主体を設けざるを得ません。運営主体のガバナンスのあり方を住民自治の観点からあらためて検討する必要があります。

　以上は、住民から見た DX を遂げた自治体の姿ですが、逆に、データ駆動型社会の自治体から住民はどのような姿に見えるのでしょうか。

　マイナンバーの「市民カード」化により、住民はマイナンバーカードの所持者であることが前提となります。マイナンバーカードを所持しない者は、自治体が提供するサービスから事実上排除されるシーンが増えることになりますが、それは行政から発出し流通するデータの

信頼性を低下させないためには仕方がないことであり、不所持は本人の選択によるものだから、それを受忍することが当然であるとの認識が一般化することになります。そうすると、住民は、住民たりうるには当該自治体の区域に住所をもっているだけで足りる（参照、自治法10条1項）はずにもかかわらず、自治体のサービスを受ける際の住民であることを「証明」するためマイナンバーカードの所持が事実上義務づけられることになります。

　自治体は、マイナンバーカードを所持しない者を、自治体におけるデータの信頼性の確保に協力しない者、あるいは、「住民」としての存在が疑わしい者として見ることになり、住民の間に差別と分断を生み出しかねないでしょう。

おわりに

　最後に、行政サービスについての住民の利便性の向上と行政サービスの更なる向上を目的とする自治体 DX の本来あるべき姿を考えてみましょう。

　行政手続のオンライン化は、さきほども説明したように、住民の利便性の向上に繋がるところがあることはたしかです。しかし、バーチャルのフロントエンドで処理する事務量が多くなったからといって、リアルのフロントエンドである窓口の縮小にただちに繋げることは早計でしょう。来所した住民に窓口での相談時間を確保したり、来所できない、そしてデジタル・デバイスにも明るくない住民のところへの訪問時間を設けたり、バックヤードでの申請や届出の処理を迅速化したりするために、人的資源を振り向け、行政サービスの向上を図ることがあってよいでしょう。窓口の一本化にしても、複数の部門にわたる事務手続についての単なる入力補助ではなく、そこがハブとなって

他の部門とつなぐことができるような総合性をもったスキルのある職員の養成に資源を振り向けることもまたあってよいでしょう。当事者である住民の意見を踏まえながら、これらの可能性を考えるべきでしょう。[23)]

　行政手続のオンライン化や業務のデジタル化によって自治体に集積するデータの利活用のハードルは、技術的には情報システムの標準化とAPIによって、法的には個人情報保護の緩和によって低くなっています。しかし、データの利活用自体を制限することを難しくしている法制の下であればこそ、本来のデータ主体である住民本人の自己情報コントロール権ないしは情報自己決定権を確保することがいっそう必要となります。EUの一般データ保護規則（GDPR）が定めているような個人情報に関する権利（忘れられる権利、データ・ポータビリティの権利、プロファイリングされない権利など）を条例で定めることも、その実効性はともかくとして、検討の余地があるでしょう。さらに、マイナポータルには特定個人情報を本人の同意の下でサービス提供者へ提供する仕組みがあることを説明しましたが、特定個人情報には含まれない、住民の個人情報について、本人の自己情報コントロール権を確保する趣旨でこれと同様の仕組みを設けることも一案かもしれません。自治体自身がそのような仕組みを構築すること、それが困難である場合には、あるいは、準公共分野も射程に入れる場合には、データ連携基盤の管理運営主体に設置させることなども考えられるでしょう。[24)]

　いずれにしろ、データ駆動型社会におけるデータ連携基盤の管理運営主体の役割・責任はいっそう大きくなります。しかし、それに見合ったガバナンスが構築されているかどうか不透明なところがあります。参加する自治体がイニシアティブを発揮し、住民に開かれた組織にするとともに、そこを通じて連携されるデータの内容やデータを処理す

るAIのアルゴリズムについて透明性を確保することが求められます。このことは、デジタル庁の管理の下に置かれるものの、その運営について民主性や透明性を欠いているマイナポータルについても妥当します[25]。

　また、マイナンバーカードの普及については、オンライン化した行政手続を行うためにはマイナポータルの利用が前提とされるので、これ自体を否定することは難しいでしょう。しかし、普及をするためにマイナンバーカードの利用範囲を拡大することは、先ほども説明したように、所持しない住民の排除に繋がります。また、利用機会の拡大はマイナンバーカードの逸失の機会を拡大し、サービス利用不能といったリスクを増やしかねません。住民が生活において利用するサービスにはそれぞれ利用識別番号が付された利用証がある以上、それを無理にマイナンバーカードに一元化することは避けるべきでしょう。

　自治体DXによる「利便性の向上」は、逆に、個々の住民の自己決定のみならず、自治体の自己決定すらも形骸化しかねないことに注意を払うことが重要です[26]。

注
1　村田誠英「デジタル社会形成基本法案について」行政＆情報システム590号（2021）4～5頁を参照。
2　岡田知弘『公共サービスの産業化と地方自治』（自治体研究社、2019年）39～45頁を参照。本多滝夫・久保貴裕『自治体DXでどうなる地方自治の「近未来」』（自治体研究社、2021年）9～10頁も参照。
3　内閣府Webサイトを参照。https://www8.cao.go.jp/cstp/society5_0/
4　産業構造審議会商務流通情報分科会情報経済小委員会「中間取りまとめ～CPSによるデータ駆動型社会の到来を見据えた変革」（2015年5月）を参照。
5　日本政府のデータ戦略は、2016年に制定された官民データ活用推進基本法8条1項に基づいて作成された「官民データ活用基本計画」（先に公表されていた「世界最先端デジタル国家創造宣言」とともに、「世界最先端デジタル国

家創造宣言・官民データ活用推進基本計画」に一体化されて決定）において定められていました。その後、菅義偉内閣の下、2020 年 10 月 23 日にデジタル・ガバメント閣僚会議内に設置された「データ戦略タスクフォース」において検討がされていたところ、翌年のデジタル社会形成基本法の制定に伴い同法 37 条 1 項に基づいてデジタル社会の形成に関する重点計画が作成されることになったために、上記の「世界最先端デジタル国家創造宣言・官民データ活用推進基本計画」は同法の施行前に先行的に「デジタル社会に向けた重点計画（令和 3 年 6 月 18 日閣議決定）」へと改定されました（「世界最先端デジタル国家創造宣言・官民データ活用推進基本計画の変更について（2021 年 6 月 18 日閣議決定）」）。その際に同計画に「包括的データ戦略」が取り入れられました。

6 諸富徹『資本主義の新しい形』（岩波書店、2020 年）43 頁を参照。

7 ショシャナ・ズボフ（野中香方子訳）『監視資本主義』（東洋経済新報社、2021 年）8 頁、102 頁～108 頁を参照。なお、監視資本主義における資本の蓄積様式については、市橋克哉ほか『コロナ対応にみる法と民主主義』（自治体研究社、2022 年）125 頁～129 頁［市橋克哉］も参照。

8 「ビッグテック―膨張する権力」朝日新聞（東京本社）2022 年 6 月 15 日付朝刊 2 面を参照。

9 自治体 DX 推進計画は、現在、2022 年 6 月 4 日に決定された重点計画 2022 および新たに策定された「デジタル田園都市国家構想基本方針」に合わせて、同年 9 月に改定され、国が掲げる理念や支援等が盛り込まれた第 2 版になっています。

10 久保貴裕「自治体 DX の争点(1)　自治体情報システム『標準化』の問題点と課題」住民と自治 709 号（2022 年）35 頁～38 頁を参照。

11 迫田宏治「情報システム標準化・共同化の課題とデジタル社会での自治体の役割」日本弁護士連合会主催シンポジウム「デジタル社会における地域のあり方と自治体の役割」（2022 年 12 月 22 日開催）資料 4（非公刊）を参照。

12 三木浩平「第 4 章　地方公共団体におけるマイナンバー制度の利活用」森信茂樹編著『未来を拓くマイナンバー』（中央経済社、2015 年）147 頁を参照。

13 宇賀克也『マイナンバー法の逐条解説』（有斐閣、2022 年）357 頁を参照。

14 デジタル田園都市国家構想交付金の交付対象事業のひとつ「デジタル実装タイプ　マイナンバーカード利用横展開事例創出型」では「市民カード化」の文言を事業名に入れる自治体が散見されます（内閣府地方創生推進室・デ

ジタル庁「デジタル田園都市国家構想交付金（デジタル実装タイプ）の交付対象事業の決定について（令和5年3月10日）」を参照。

15　マイキーIDのID管理テーブルに記録されているサービスIDを分析すると、そのマイキーIDの保有者の属性を明らかにすることができるかどうかは、サービスIDがどのようなサービスを表しているかによって異なると思われます。例えば、マイナポイントや自治体ポイントなどの決済サービスを利用する場合には、サービスIDは決済サービス事業者が発行する識別番号であり、利用者の属性情報は含まれていないと考えられます。しかし、図書館や美術館などの公共施設や地域サービスを利用する場合には、サービスIDは利用者の居住地や年齢層などの属性情報を反映している可能性があります。ちなみに、デジタル庁は、マイキープラットフォーム等利用者ファイルを2022年度の行政機関匿名加工情報の提案募集の対象としています。内閣総理大臣「令和4年度『行政機関等匿名加工情報』に関する提案の募集の公示（令和5年2月13日）」を参照。

16　黒田充『あれからどうなった？　マイナンバーとマイナンバーカード』（日本機関紙出版センター、2020年）218頁〜220頁を参照。番号法は、19条15号で、さまざまな調査、検査などの情報収集活動について情報提供ネットワークを介さないで、特定個人情報を提供するとしています。同条15号（法別表）が定める情報収集活動には、刑事事件の捜査、租税犯則事件の調査も含まれるとともに、政令において「公益上の必要があるとき」として、24の情報収集活動を行うときが定められています。政令が定める情報収集活動には、少年事件の調査、公安調査官による調査も含まれています。取得した特定個人情報を利用して、特定個人情報ファイルを作成する、言い換えれば容疑者等のプロファイリングをすることも許されています（番号法29条）。もちろん、提供を受けた目的を達成するために必要な限度でしかマイナンバーを利用することは許されません（同法9条6項）。しかし、作成した特定個人情報ファイルからマイナンバー以外の個人情報を抽出し、データベースを作成し、2次利用をすることまでも明文で禁止されているわけではありません。しかし、提供行為自体だけでなく、捜査や少年事件の調査のために作成された特定個人情報ファイルの取扱いもまた、個人情報保護委員会の指導・助言、勧告・命令、報告・立入検査の対象から外されています（同法36条）。

17　なお、基本方針を従来の「まち・ひと・しごと創生総合戦略」、いわゆる地方創生総合戦略に落とし込んだ「デジタル田園総合戦略」では、デジタル実

装に取り組む自治体については2027年度までに1500団体に目標が引き上げられました（同戦略5頁）。スマートシティについては100地域といった目標に変更はありませんでしたが、従前の地方創生との整合性から、施策間連携・地域間連携に関する「モデル地域ビジョンの例」に落とし込まれ、「地域数の考え方は今後要精査」といったように若干トーンダウンしています（同戦略45頁）。

18　デジタル庁「デジタル田園都市国家が目指す将来像について」第2回デジタル田園都市国家構想実現会議（2021年）資料2−1スライド11を参照。デジタル田園都市国家構想の基本方針が2022年6月に決定される前に、2021年度補正予算でデジタル田園都市国家構想推進交付金が設けられました。そのうちのデジタル実装タイプ（デジタルを活用して地域の課題解決や魅力向上を実現する地方公共団体の取組み）の一類型としてのTYPE1が、「まずは、先進的なサービスの開発・実装から」に相当します。デジタル実装が充実し、「セクター間のデータ連携実需が見えてきた段階」に相当するのがTYPE2で、さらにデータ連携基盤を活用したサービスの早期実施を目指すのがTYPE3です。

19　内閣府地方創生推進室・デジタル庁「デジタル田園都市国家構想交付金（デジタル実装タイプ）の交付対象事業の決定について（令和5年3月10日）」を参照。

20　個人情報保護制度の見直しに関するタスクフォース「個人情報保護制度の見直しに関する最終報告（令和2年12月）」32頁を参照。

21　個人情報保護法の下での地方自治の本旨に照らした自治体の個人情報保護制度のあり方については、庄村勇人・中村重美『デジタル改革と個人情報保護のゆくえ』（自治体研究社、2022年）48頁〜58頁を参照。

22　デジタル庁Webサイトを参照。https://www.digital.go.jp/policies/cs-dx/

23　稲葉一将・内田聖子『デジタル改革とマイナンバー制度』（自治体研究社、2022年）61頁を参照。

24　本人の同意の下で個人情報を第三者に提供する仕組みとして情報銀行によるものがあります。情報銀行とは、利用者個人からの委任を受けて、当該個人に関する個人情報を含むデータを管理するとともに、当該データを第三者（データを利活用する事業者）に提供し、利用者個人に直接的または間接的な便益を供与する機関です。利用者個人の同意は、使いやすいユーザーインターフェイスを用いて、情報銀行から提案された第三者提供の可否を個別

に判断する方法、または、情報銀行から事前に示された第三者提供の条件を個別に／包括的に選択する方法により行うものとされています。情報信託機能の認定スキームのあり方に関する検討会「情報信託機能の認定に係る指針Ver 2.2」を参照。なお、データポータビリティの権利の保障が不十分な日本の個人情報保護法の下では、すでにデータ取引事業者（デジタル・プラットフォーマー等）が保有しているデータを情報銀行に移転することは難しく、現時点ではこれに大きな期待を寄せることはできないと思われます。

25 　稲葉一将ほか『医療DXが社会保障を変える』（自治体研究社、2022年）6頁〜9頁も参照。

26 　第211回国会で審議されている「行政手続における特定の個人を識別するための番号の利用等に関する法律等の一部を改正する法律案」では、番号法で法定されている事務に準ずる事務であればマイナンバーの付番を可能としたり、マイナンバーの利用が認められる事務を法律事項から省令事項に移管したりすることが目論まれています。データ駆動型社会が法治主義の緩和を要請するのは、単なる技術的な契機からだけではなく、法の支配からの離脱を切望する政治的な契機からでもあることに留意しなければなりません。市橋克哉ほか・前掲注7　156頁〜157頁［市橋克哉］を参照。

※　この章の叙述には、以下の拙稿と重なる箇所がいくつか散見されますが、この章は、本書の企画趣旨にしたがい、2022年以降の展開を踏まえ自治体DXについてあらためて書き下ろしたものです。
　　本多滝夫「地方行政のデジタル化の論点—自治体DXと地方自治—」榊原秀訓・岡田知弘・白藤博行編『「公共私」・「広域」の連携と自治の課題［地域と自治体第39集］』自治体研究社、2021年、57頁〜86頁所収。
　　本多滝夫「地方行政のデジタル化と地方自治」本多滝夫・久保貴裕『自治体DXでどうなる地方自治の「近未来」』自治体研究社、2021年、7〜28頁所収。

第4章

デジタル化予算と国家財政、自治体財政

平岡和久

はじめに

　本章では、政府のデジタル化関連予算の内容を自治体に対する財政措置に焦点を当てて整理します。また、自治体のデジタル化関連予算の事例を検討するとともに、行政デジタル化と財政に関する問題点、課題を提示します。

1　政府のデジタル化関連予算を読む

(1)　政府のデジタル政策とデジタル化関連予算

1)　政府のデジタル政策の展開

　政府のデジタル化政策の展開をみる際に「デジタル資本主義」による日本経済の復活・成長を目指すための2つのねらいをみておくことが重要です。1つは公共サービスの産業化のねらいであり、もう1つは自治体戦略2040構想研究会が提起した公務員半減化のねらいです。この2つのねらいを実現するための中心的な対象分野であり手段とな

るのがデジタル化です。

「公共サービスの産業化」は安倍晋三内閣の「骨太方針 2015」において「公的サービスの産業化」として打ち出されたものです。そこでは「公的サービスの産業化」を以下のように説明していました。

「民間の知恵・資金等を有効活用し、公共サービスの効率化、質の向上を実現するとともに、企業や NPO 等が国、地方自治体等と連携しつつ公的サービスへの参画を飛躍的に進める。また、これまで十分に活用されていない公的ストック（社会資本、土地、情報等）を有効に活用する。さらに、規制改革や公共サービス・公共データの見える化等により、新たな民間サービスの創出を促進する。」

さらに、「オープンデータ化等を通じた新サービスの創造」として、以下の方針が盛り込まれました。

「各府省庁、自治体ごとに、行政サービスのコスト情報、施設・設備の保有状況・維持管理経費、IT 投資などのデータを誰もが活用できる形で公開し、PPP/PFI など民間の参画の拡大を促すとともに、公共データを活用した新たなサービスの創造を促進する。」

骨太方針 2015 の「公的サービスの産業化」をデジタル面で具体化するための起点となったのが 2016 年 12 月に施行された「官民データ活用推進基本法」でした。同法を踏まえ、2017 年 6 月に策定された「未来投資戦略 2017」では公共データのオープン化やパーソナルデータの利活用などが盛り込まれました。

一方、総務省研究会「自治体戦略 2040 構想研究会　第二次報告」（2018 年 7 月）は、「スマート自治体」への転換として、クラウドサービスによって自治体情報システム（国保、戸籍、公会計等）を共通化する方向性を打ち出しました。また、情報システムや行政サービス等の申請書式等が自治体によってバラバラでは重複投資となり、コストがかかるとともに複数自治体の業務の一体的管理ができないので、情

報システムや申請書式等の共通基盤化を確実にするため新たな法律による義務づけを検討することを提起しました。

第 32 次地方制度調査会は自治体戦略 2040 構想研究会報告の議論を引き継いだ格好となり、同答申（2020 年 6 月）は、変化やリスクに適応する地方行政のあり方について地方行政のデジタル化を位置づけました。答申には以下の文言が盛り込まれました。

「住民基本台帳や税務など、多くの法定事務におけるデジタル化は、地方公共団体が創意工夫を発揮する余地が比較的小さく、標準化等の必要性が高いため、地方公共団体の情報システムや事務処理の実態を踏まえながら、一定の拘束力のある手法で国が関わることが適当と考えられる。他方、地方公共団体が創意工夫を発揮することが期待され、標準化等の必要性がそれほど高くない事務については、奨励的な手法を採ることが考えられる。」

「基幹系システムについては、個々の地方公共団体でのカスタマイズや共同利用に関する団体間の調整を原則不要とするとともに、ベンダーロックインを防ぎ、事業者間のシステム更改を円滑にするため、システムの機能要件やシステムに関係する様式等について、法令に根拠を持つ標準を設け、各事業者は当該標準に則ったシステムを開発して全国的に利用可能な形で提供することとし、地方公共団体は原則としてこれらの標準準拠システムのいずれかを利用することとすべきである。」

答申において人口減少下における地方行財政の合理化の主要な手段として行政デジタル化が位置づけられたのです。

総務省は 2020 年 12 月、自治体 DX 推進計画を策定しました。その背景には、住民記録、地方税、福祉など、自治体の主要な業務を処理する情報システム（基幹系情報システム）の標準仕様を、関係府省で作成し、自治体が標準仕様に準拠したシステムを導入するプロセス

を「法制化」するとともに、「目標時期を設定」することで、自治体の業務システムの統一・標準化を加速化することがありました。そのため、各自治体において、標準化されたシステムを前提とした業務プロセスの見直しや関連業務も含めたシステム最適化、手続のオンライン化などに、全庁的な推進体制を確立して計画的に取り組むことが必要とされました。そこで各自治体における取組みの指針と国による支援策を内容とする自治体DX推進計画を12月に策定し、対象期間を2021年1月～2026年3月とし、自治体に推進体制の構築や重点的な取組みを促したのです。推進体制の構築については、首長、CIO（Chief Information Officer）、CIO補佐官等を含めた全庁的なマネジメント体制の構築、デジタル人材の確保・育成、都道府県による市区町村支援を掲げました。また、重点取組み事項として、①自治体の情報システムの標準化・共通化、②マイナンバーカードの普及促進、③行政手続のオンライン化、④AI（Artificial Intelligence）・RPA（Robotic Process Automation）の利用推進、⑤テレワークの推進、⑥セキュリティ対策の徹底、をあげています。

2021年9月、「地方公共団体情報システムの標準化に関する法律」（以下、標準化法）が施行されました。標準化法は情報システムの標準化を自治体に義務づけ、その対象範囲となる事務を政令で特定することとしています。

標準化法による情報システムの標準化の対象となるのは以下の20業務です。児童手当、住民基本台帳、選挙人名簿管理、固定資産税、個人住民税、法人住民税、軽自動車税、就学、国民健康保険、国民年金、障害者福祉、後期高齢者医療、介護保険、生活保護、健康管理、児童扶養手当、子ども・子育て支援、戸籍、戸籍の附票および印鑑登録。

2021年9月、デジタル庁が発足しました。デジタル庁は首相がトップをつとめるトップダウン色の強い行政組織であり、情報システム予

算などで強い権限をもち、他の府省庁間の総合調整を行い、行政や社会のデジタル化を強力に推進することが期待されました。デジタル改革関連法とデジタル庁の設置が法治国家の転形と内閣総理大臣の「隠れた大統領化」をもたらすという指摘（白藤、2020）があるように、デジタル庁発足は国家のあり方にもかかわる危険性を孕んでいます。

　デジタル庁発足に続いて2021年11月、デジタル臨時行政調査会（デジタル臨調）が発足し、2021年12月、「構造改革のためのデジタル原則」（デジタル改革、規制改革、行政改革といったすべての改革に通底する共通の指針）が策定されました。そこでは、①デジタル完結・自動化原則、②アジャイルガバナンス原則、③官民連携原則、④相互運用性確保原則、⑤共通基盤利用原則、といったデジタル原則が打ち出され、それらのデジタル原則に沿った規制見直しの推進が目指されました。

　政府は2021年12月、「デジタル社会に向けた重点計画」を策定しました。そこではガバメントクラウドについて以下のように方針を打ち出しています。

　「基幹業務システムを利用する原則全ての地方公共団体が、目標時期である令和7年度（2025年度）までに、ガバメントクラウド上に構築された標準準拠システムへ移行できるよう、その環境を整備することとし、その取組に当たっては、地方公共団体の意見を丁寧に聴いて進める。」

　ガバメントクラウドの活用とは、複数の事業者がガバメントクラウドに標準準拠のアプリケーションを構築し、自治体はそれらのなかから選択し、オンラインで利用するというものです。

　デジタル庁は2019年度3次補正予算において「ガバメントクラウド先行事業」（2021年度募集）を導入しました。そのクラウドサービスの業務委託先はアマゾンウェブサービスとグーグルです。同事業の採

択自治体は神戸市、岡山県倉敷市（香川県高松市・愛媛県松山市との共同提案）、岩手県盛岡市、千葉県佐倉市、愛媛県宇和島市、長野県須坂市、埼玉県美里町（埼玉県川島町との共同提案）、京都府笠置町の8団体となっています。先行事業の検証事項として、①非機能要件（サイバーセキュリティに係る事項など自治体情報システムに共通する事項の標準）の検証、②標準準拠システムへの移行方法の検証、③投資対効果の検証、④リファレンスアーキテクチャ（システム構築において参照すべき構成）の検討、があげられています。

2020年9月、中間報告として、先行事業の検証事項の一部について検証状況が公表されました。そのうち注目されるのが「投資対効果の検証結果」ですが、今回公表されたのは構成計画（2022年5月）時点での現行環境からガバメントクラウドに単純移行した場合の机上比較検証結果を整理したものです。それによると、8団体のうちランニングコストがかなり削減される試算となったのが神戸市、盛岡市など、現状が単独のデータセンターを有する団体です。それに対して現状が自治体クラウドを利用している笠置町、美里町（川島町）などすでに自治体クラウドによるコスト削減が行われている団体においてはガバメントクラウド移行によってむしろコスト増となります。ただし、この試算ではガバメントクラウドを単独利用する場合の試算であるため、複数利用による割り勘効果を考慮すればコスト増を抑えられる可能性があります。今後は実装段階でガバメントクラウドでの標準化システムの運用を行う場合の効果検証を実施するとしています。

2022年6月、デジタル田園都市国家構想基本方針が閣議決定されました。デジタル田園都市国家構想は官民による地方のDXを推進するものであり、岸田文雄政権が掲げる「新しい資本主義」の重要な柱の1つとして位置づけられています。「地方の社会課題を成長のエンジンへと転換し、持続可能な経済社会の実現や新たな成長を目指す」と

いうものであり、「構想の実現により、地方における仕事や暮らしの向上に資する新たなサービスの創出、持続可能性の向上、Well-beingの実現等を通じて、デジタル化の恩恵を国民や事業者が享受できる社会、いわば『全国どこでも誰もが便利で快適に暮らせる社会』を目指す。これにより、東京圏への一極集中の是正を図り、地方から全国へとボトムアップの成長を推進する」としています。そのため、これまでの地方創生政策を、デジタル化を組み込んで再編することになります。

　政府は2022年12月、まち・ひと・しごと創生総合戦略を抜本的に改訂し、2023年度から2027年度までの5か年の新たな総合戦略を策定しました。そこでは各府省庁の施策の充実・具体化を図るとともに、KPI（重要業績評価指標）とロードマップ（工程表）を位置づけました。

　新たな総合戦略においては、地方は地域ビジョンを再構築し、地方版総合戦略を改訂することとしています。地域ビジョン実現に向け、国は必要な施策間の連携をこれまで以上に強化するとともに、同様の社会課題を抱える複数の地方公共団体が連携して課題解決に取り組むことができるよう、デジタルの力も活用した地域間連携のあり方や推進策を提示するとしています。また、デジタル実装の基礎条件整備として、マイナンバーカードの利活用の拡大、民間のサービス利活用のためのデータ連係基盤の構築、デジタル人材育成、およびデジタルデバイド対策などを推進するとしています。さらにモデル地域ビジョンとして、スーパーシティ、「デジ活」中山間地域、大学を核とした産官学協創都市、SDGs未来都市などを提示しています。

　重点施策としては、地域交通、広域で実施する子ども政策、拠点都市が周辺地域と連携したスタートアップ・エコシステム、教育DX、観光DX、遠隔医療、建築・都市のDX、地域防災力などが提示され、優

良な地域間連携事業を優遇するとしています。

　同構想を進める自治体に対しては分野横断的支援を行うとしており、デジタル田園都市国家構想交付金等の地方財政措置が講じられます。

　以上、政府のデジタル化政策は多岐に渡って展開されていますが、なかでもキーになるのが、第1にガバメントクラウドによる自治体行政の標準化・共同化をテコとした自治体行財政の合理化であり、第2に田園都市国家構想によるデジタル実装化と準公共分野におけるデータ連携を基軸とした社会のデジタル化による「公共サービスの産業化」の推進です。第3に、自治体行財政の合理化と「公共サービスの産業化」の要となる基盤整備としてのマイナンバーカード・マイナポータルの推進です。

2)　デジタル基盤の整備―総務省の電子政府・電子自治体推進費

　以上にみたように政府のデジタル化政策の展開はきわめて多岐に渡っていますが、それを支えるのが政府予算であることは言うまでもありません。デジタル庁設置以前においてデジタル化政策を推進する中心を担ってきたのは総務省です。図4-1および図4-2は総務省の電子政府・電子自治体推進費の2019年度以降の推移をみたものです。

　予算規模は2019年度の約900億円から2020年度の約7303億円、2021年度の約2兆137億円へと急増しており、特に補正予算による追加が目立ちます。

⑵　総務省のデジタル基盤改革支援補助金

　総務省のデジタル基盤改革支援補助金は①情報システム標準化支援基金、②マイナポータルと自治体システム連携の支援基金、③セキュリティ対策支援基金の3基金に分かれています。

　そのうち中心をなす①情報システム標準化支援基金は2020年度補正予算で導入され、2021年度補正予算で追加され、予算規模は1825

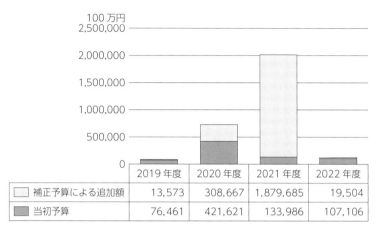

	2019 年度	2020 年度	2021 年度	2022 年度
□ 補正予算による追加額	13,573	308,667	1,879,685	19,504
▨ 当初予算	76,461	421,621	133,986	107,106

図 4-1　電子政府・電子自治体推進費の推移

出所：財務省予算関係資料より作成。

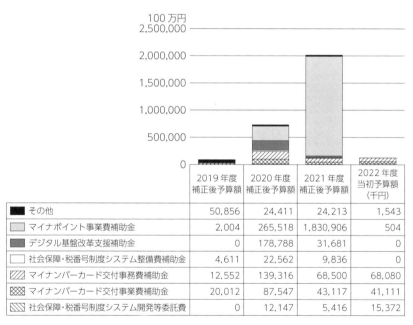

	2019 年度 補正後予算額	2020 年度 補正後予算額	2021 年度 補正後予算額	2022 年度 当初予算額 （千円）
■ その他	50,856	24,411	24,213	1,543
□ マイナポイント事業費補助金	2,004	265,518	1,830,906	504
▨ デジタル基盤改革支援補助金	0	178,788	31,681	0
□ 社会保障・税番号制度システム整備費補助金	4,611	22,562	9,836	0
▨ マイナンバーカード交付事務費補助金	12,552	139,316	68,500	68,080
▨ マイナンバーカード交付事業費補助金	20,012	87,547	43,117	41,111
▨ 社会保障・税番号制度システム開発等委託費	0	12,147	5,416	15,372

図 4-2　総務省の電子政府・電子自治体推進費予算の推移

出所：財務省予算関係資料より作成。

億円となっています。本予算の資金は地方公共団体情報システム機構（J-LIS, Japan Agency for Local Authority Information Systems）に10／10補助で移され、J-LISが同基金の造成を行います。同基金から自治体に補助され、その資金は自治体から事業者への委託費として使われます。

　同基金はクラウド活用を原則とした標準化・共通化に向けた自治体の取組みを支援し、各自治体が2025年度までに「（仮称）Gov-Cloud」上で基準に適合した情報システムを利用する形態に移行することを目指すため、基幹系情報システムについて、移行のために必要となる経費を支援するものです。

　同基金の年限は2025年度までの、5年間となっています。なお、同基金による補助は10／10補助という破格の補助ですが限度額が設定されています。

　次に②「マイナポータルと自治体システム連携の支援基金」は予算額250億円となっています。また、③「セキュリティ対策支援基金」は予算額25億円となっています。

　総務省の電子政府・電子自治体推進費予算のなかで最も金額が大きいのがマイナポイント事業費補助金です。同補助金は2020年度補正予算後で2655億円であり、「マイナポイント第1弾」として推進されました。そこではマイナンバーカードを使って予約・申込を行い、キャッシュレス決済サービスを使って買い物等を行うと、利用額の25％分のポイント（上限5000円）が付与されるというものです。さらに2021年度補正予算で1兆8309億円と大幅に追加措置され、「マイナポイント第2弾」として推進されました。そこでは、マイナンバーカード新規取得に最大5000円相当、健康保険証利用申込で7500円相当など最大2万円相当のマイナポイントが付与されるという大盤振る舞いで遮二無二普及を推進しています。

　以上のような「アメ」による推進にもかかわらず、「マイナポイント

第2弾」の9月末期限まで1か月となる2022年8月末時点での人口に対するマイナンバーカードの普及率は47.4%にとどまっており、予算も大幅に余る状況にあると報道されました。

総務省は、マイナポイントの獲得のための申請期限を2023年2月まで延長し、自治体を動員してキャンペーンを強化しました。またマイナンバーカードと運転免許証・健康保険証を一体化し、2024年秋に健康保険証を廃止する方針を打ち出しました。

このような強引な普及促進策の効果から、2023年3月末時点でマイナンバーカードの人口に対する申請率が76%を超えたと報道されています。

(3) デジタル庁予算

デジタル庁は2021年9月に発足しました。デジタル庁の情報システム関連予算(一括計上分)は2021年度3030億円、2022年度4601億円と増加しました。さらに2023年度概算要求では5556億円を計上しています。

その他、デジタル社会形成の推進等に関する経費として、2021年度66億円、2022年度120億円、2023年度概算要求138億円を計上しました。また、2023年度デジタル庁の体制強化のための予算と人員について事項要求を行っています。

デジタル庁発足に際して、政府情報システムは①「デジタル庁システム」、②「デジタル庁・各府省共同プロジェクト型システム」、③「各府省システム」の3類型に整理され、①および②に係る予算は2021年度から、③については2022年度からデジタル庁に一括計上するようになっています。

また、ガバメントクラウドの構築においてデジタル庁は次の4つの整備方針を打ち出しました。第1にマルチクラウドであり、複数のクラ

ウドサービスおよびサービスモデル（IaaS[1]、PaaS[2]、SaaS[3]）を相互接続し、各機関のニーズに柔軟に対応するというものです。第2にテンプレートであり、セキュリティやネットワーク設定など重要な設定を全システムに共通横断的に適用できるよう、異なる複数のクラウドベンダーのテンプレートを整備するというものです。第3にAPI（Application Programming Interface）連携であり、APIを経由して異なるクラウド間でもデータやサービスを連携可能にするというものです。第4にSDN（Software Defined Network）であり、SDNサービスを活用した安全な専用WAN（Wide Area Network）を構築するというものです[4]。

2 自治体・地域社会デジタル化と政府の財政措置

政府は自治体DXと地域社会のデジタル化を自治体に推進させるため、いくつもの財政措置を講じています。以下、順にみていきます。

(1) 行政デジタル化に係る地方財政措置

1) システム標準化と自治体クラウド推進に係る地方財政措置

自治体行政のデジタル化において要になるのがシステム標準化とクラウドの活用です。現在、基幹系システムについてはガバメントクラウドへの移行が目指されており、そのための中心をなす財政支援が上で紹介した総務省のデジタル基盤改革支援補助金における情報システム標準化支援基金です。

ガバメントクラウド推進の前段として推進されたのが自治体クラウドです。自治体クラウドが取り組まれる起点となったのは2009年4月に政府IT戦略本部が策定した「デジタル新時代に向けた新たな戦略（3か年緊急プラン）」だといわれています。この時期から総務省は自治体クラウドを推進し、2011年度から共同化計画策定・データ移行に

表4-1 2017年度当初予算における全市区町村の情報システム経費(人口規模区分ごと)

	2万人未満	2~5万人未満	5~10万人未満	10~20万人未満	20~30万人未満	30万人以上
人口規模区分の総経費(億円)	487	531	664	692	409	2,003
住民一人当たり経費:人口規模区分平均(円)	11,724	4,071	3,675	3,096	3,583	3,501
人口規模区分における団体当たり経費(億円)	0.6	1.3	2.5	4.4	8.9	23.8
各区分の団体数	791	400	263	157	46	84
各区分の総人口	6,773	13,347	18,372	22,093	11,474	55,848

出所:総務省「市区町村における情報システム経費の調査結果について」(2018年3月30日)。

対する特別交付税措置が取られたとされています。[5]

　総務省調査によると、2017年度当初予算における全市区町村の情報システム経費は4786億円であり、住民1人当たり経費は3742円となっていました。人口規模区分ごとにみると、人口10~20万人の自治体の1人当たり経費が最も低く、人口2万人未満の自治体の1人当たり経費が最も高くなっています(表4-1)。自治体クラウド導入自治体は単独クラウド導入自治体やクラウド未導入自治体と比べて経費が低くなっています。また、2万人未満の自治体において、自治体クラウド導入自治体は単独クラウド導入自治体より経費が3割低い状況にありました(総務省「市区町村における情報システム経費の調査結果について」2018年3月)。

　自治体クラウド導入においてカスタマイズ抑制が求められます。カスタマイズ抑制とシステムの共同利用による「割り勘」効果が自治体クラウド導入による主なコスト削減の要素となっているとみられます。

　政府は自治体クラウド推進に係る地方財政措置(2019年度)として特別交付税措置を講じました。対象経費は、共同化計画に要する経費、導入コンサルタントに要する経費、データ移行経費、実務処理研修に

関する経費、新システムの安定稼働のためのコンサルタントに要する経費となっています。算定方法は、「上記対象経費のうち特別交付税の算定の基礎として総務大臣が調査した額×0.5×財政力補正」となっています。また普通交付税措置として、自治体クラウドの導入に必要な業務システムの標準化及びハードウェア整備等に係る経費や、データ移行作業に係る経費を計上しました。

2) 行政デジタル化のための各種特別交付税措置

　行政デジタル化のための各種の国庫補助事業とともに特別交付税措置が活用されました。特別交付税措置はAI（人工知能）・RPA（ソフトウェア上のロボットによる業務工程の自動化）導入、テレワーク環境構築、デジタル人材任用経費などに適用されました。

　なかでもRPA導入への財政支援をみると、2018年度第2次補正予算でRPAの導入に対する国庫補助事業が導入され、2020年度にはRPAの導入経費に対する特別交付税措置が講じられました。2021年度においては、AI・RPA導入に関する経費について、情報システムの標準化・共通化を行う17業務を除き、特別交付税（措置率0.3）が講じられ、都道府県、市町村が協定の締結等をした上で共同調達を行う場合には特別交付税措置を拡充（措置率0.5）することとなりました。

　また、自治体の職員向けのテレワーク環境構築のための経費に特別交付税措置は2020年度に導入され、2022年度まで継続されています（措置率0.5）。

　さらに、2021年度からデジタル人材の任用等の経費に対する特別交付税措置が講じられましたが、その概要は以下のとおりです。対象経費は、2021年度から、新たに、市町村がCIO補佐官等として、外部人材を任用等する場合の経費として次に掲げるものです。①特別職非常勤職員として任用する場合の報酬費等（期末手当等の各種手当てを含む）。②外部に業務委託する場合の物件費（委託料）。特別交付税措

138

置額は市町村が支出した対象経費の合計額に 0.5 を乗じて得た額。措置期間は 2021 年度～2025 年度。

3） 行政手続きのオンライン化への財政措置

　総務省の推計によれば、地方公共団体が優先的にオンライン化を推進すべきとされている 58 手続きのオンライン利用率は 2020 年度で 52.8% となっています。[6]

　2020 年度第 3 次補正予算におけるデジタル基盤改革支援補助金（自治体オンライン手続き推進事業）は各自治体において、子育て（15 手続き）及び介護（11 手続き）を含む特に住民の利便性向上に資する手続きのオンライン化に向け、マイナポータルと自治体の基幹システムのオンライン接続を行うための機器設定、連携サーバ等の設置に要する経費に対して補助するものとなっています。事業の期間は 2022 年度末までであり、補助率は 1／2 となっています。なお、地方負担については普通交付税措置が講じられます。

　また、2022 年度末までに、共同利用における汎用的電子申請システム（ぴったりサービスを含む）を導入し、電子申請の受付を開始する都道府県または市町村に対して、その導入に要する経費について特別交付税措置が講じられています。

　さらに、2021 年度補正予算において、オンラインによる転出届・転入予約のための転出証明書の事前通知機能、マイナポータルを通じて提出された転出届の取込み機能等を追加するための住民記録システムの改修に要する経費について国庫補助が講じられました（国費 10／10）。

　なお、自治体情報セキュリティクラウドについては、総務省のガイドラインにもとづき都道府県が調達・運営していますが、2022 年度までに次期自治体情報セキュリティクラウドへの移行を行うため、デジタル基盤改革支援補助金におけるセキュリティ対策支援基金が活用されます。

(2) 地域社会のデジタル化推進のための地方財政措置

　次に行政デジタル化とともにデジタル資本主義の要となる地域社会のデジタル化を推進するための各種の地方財政措置をみておきます。

　まず、**地方創生推進交付金**（予算額1000億円）において、2020年度にSociety 5.0タイプが新設され、交付上限額（国費）3.0億円が盛り込まれました。さらに、2022年度はデジタルシフトへの対応を重視し、先駆タイプ（最長5年間の事業）および横展開タイプ（最長3年間の事業）ともにデジタル技術の活用・普及等の取組みを事業内容に含めることが申請要件とされました。

　地方創生テレワーク交付金は2020年度第3次補正予算で導入されたものであり、予算額100億円、補助率3／4（高水準タイプ）、または1／2（標準タイプ）となっています。同交付金は自治体や民間が運営するサテライトオフィス等の整備・運営、利用を促進するためにハード・ソフト経費を一体的に執行可能なものとなっています。なお、地方創生テレワーク交付金は2022年度からデジタル田園都市国家構想推進交付金の一部として再編されます。

　新型コロナウイルス感染症対応地方創生臨時交付金（以下、地方創生臨時交付金）は、新型コロナ対策としての感染拡大防止・医療提供体制の確保、社会経済活動の抑制に伴う被害に対する生活支援、事業者支援などに加えて、「ウィズコロナ」下における社会経済活動の環境整備や新たな生活様式の確立として多様なデジタル化推進に活用を促したものです。

　2020年度においては、同交付金の実施計画の第3回提出段階では、内閣府の分類ベースで「リモート化等によるデジタル・トランスフォーメーションの加速化」が8464事業、交付金関連事業費3358億円となっています。さらに2021年度においては、同交付金の実施計画の第5回提出段階では、内閣府の分類ベースで「リモート化等によるデジ

タル・トランスフォーメーションの加速化」が 5845 事業、交付金関連事業費 971 億円、「地方を活性化し、世界とつながる『田園都市国家構想』」が 359 事業、交付金関連事業費 96 億円となっています。

　デジタル田園都市国家構想推進交付金は 2021 年補正予算で導入され、200 億円が計上されました。同交付金はデジタル実装タイプおよび地方創生テレワークタイプからなります。

　さらに、内閣府の 2023 年度概算要求において、地方創生推進交付金、地方創生拠点整備交付金及びデジタル田園都市国家構想推進交付金を、新たに「デジタル田園都市国家構想交付金」として位置づけ、構想の実現に向け分野横断的に支援するとしています。

　なお、デジタル田園都市国家構想推進事業の関連予算は 2021 年度補正予算および 2022 年度当初予算を合わせて 5.7 兆円とされていますが、これはマイナポイントをはじめデジタル化に関連するあらゆる予算を含むものです。なかには 5G、データセンターの整備、デジタル人材の育成・確保、スマートシティ、スーパーシティの推進、「準公共分野」、「相互連携分野」のデジタル化の推進、GIGA（Global and Innovation Gateway for All）スクール、スマート農林水産業、中小企業・地域企業の DX 推進、MaaS（Mobility as a Service）、遠隔医療、デジタル推進委員の制度整備なども含まれています。

　準公共分野における重点分野としては、防災、健康・医療・介護、教育、こども、インフラ、港湾（港湾物流分野）、モビリティ、農業・水産業・食関連産業があげられており、相互連携分野としては、スマートシティ、取引（受発注、請求、決済）などがあげられています。

　2021 年度、政府は自治体の地域社会デジタル化を推進する経費に対する一般財源保障として、地方財政計画の歳出の項目として「**地域デジタル社会推進費**」を計上しました。同歳出項目は 2021 年度および 2022 年度に限る臨時的なものであり、事業費は 2000 億円程度（都道

府県 800 億円程度、市町村 1200 億円程度）となっています。それに伴い、地方交付税措置として、基準財政需要額の算定項目「地域デジタル社会推進費」が臨時費目として創設されました。地域デジタル社会推進費はデジタルデバイド対策にも活用されることが期待されています。

(3)　自治体デジタル化を推進するための財政誘導・締めつけ

1)　マイナンバーカードの普及状況等を踏まえた交付税算定

　デジタル田園都市国家構想基本方針において、総務省は、「マイナンバーカードの普及状況等を踏まえた交付税算定の検討」として、「2023年度から、マイナンバーカードの普及状況等も踏まえつつ、マイナンバーカードの交付率を普通交付税における地域のデジタル化に係る財政需要の算定に反映することについて検討」を打ち出しました。

　実際、総務省は 2023 年度地方財政計画において、地域のデジタル化に係る臨時項目である「地域デジタル社会推進費」を期間延長（2023年度・2024 年度）し、普通交付税算定において、その 2023 年度における増額分 500 億円（マイナンバーカード利活用特別分）に対してマイナンバーカード交付率上位 3 分の 1 以上の市町村に交付率に応じた基準財政需要額の割増しを行うこととしました。

　しかし、マイナンバーカードの交付率を普通交付税算定に反映させることは地方交付税法の目的に反しています。地方交付税法第 1 条では「この法律は、地方団体が自主的にその財産を管理し、事務を処理し、及び行政を執行する権能をそこなわずに、その財源の均衡化を図り、及び地方交付税の交付の基準の設定を通じて地方行政の計画的な運営を保障することによつて、地方自治の本旨の実現に資するとともに、地方団体の独立性を強化することを目的とする」と規定されています。マイナンバーカードの普及の責任を自治体に押しつけ、その普

142

及率が高い自治体には割り増し、普及率が低い自治体には割落とすということになれば、不公平であると同時に自治体の自主性への干渉となり、財源の均衡化や自治体の独立性の強化に反することになります。

　こうした算定方式は「インセンティブ算定」と呼ぶことができるものであり、前例があります。それは2007年度から2019年度に導入された「頑張る地方応援プログラム」であり、行革や産業振興の「頑張りの成果」を普通交付税算定に反映させるというものでした。交付税を合理的な財政需要の把握にもとづいて算定するのではなく、「成果」によって算定するという点で、今回のマイナンバーカードの交付率による算定と同様なインセンティブ算定としての性格をもつものといえるでしょう。なお、「頑張る地方応援プログラム」と類似したインセンティブ算定はその後も継続しており、地方創生政策を反映して2015年度に創設された普通交付税の「まち・ひと・しごと創生事業費」においても各種の成果指標が設定されています。

2)　デジタル田園都市国家構想交付金におけるマイナンバーカード普及率・
　　利活用の反映

　また、デジタル田園都市国家構想基本方針において、内閣官房、内閣府およびデジタル庁は、「マイナンバーカードの普及等デジタル社会の基盤の状況をデジタル田園都市国家構想交付金による支援に際して評価することについて検討」を打ち出しました。交付税のみならず、デジタル田園都市国家構想交付金の採択についてもマイナンバーカードの普及率を反映させるのです。

　2022年度補正予算におけるデジタル田園都市国家構想交付金（800億円）および2023年度当初予算案におけるデジタル田園都市国家構想交付金（1000億円）を合わせた1800億円は、デジタル実装タイプ、地方創生拠点整備タイプおよび地方創生推進タイプの3種類からなりますが、いずれもマイナンバーカード交付率およびカード利活用が申請

要件となったり、申請要件になっていない場合でも加点されたり、採択にあたり勘案されるなど、交付金を申請したい自治体にとって、マイナンバーカードの普及や利活用をめぐる自治体間競争を煽るものとなっています（図4−3および図4−4参照）。

　国の交付金においてマイナンバーカード普及率を条件にすることは、交付税算定のケースと同様、国が責任を負うべきマイナンバーカードの普及率の低迷を自治体の責任に帰したうえで、交付金を活用したければ普及率を上げろという、露骨な財政誘導策です。

　政府の財政誘導策に対して、自治体側では「マイナンバーカード普及促進狂想曲」とでも言うべき現象が起こりました。なかでもメディアの注目を集めたのが岡山県備前市です。備前市は2023年度から、市内の保育園・こども園の保育料や小中学校の給食費などの無償化に、世帯全員分のマイナンバーカード取得を条件とする方針（取得しない世帯は有料）を打ち出しました（その後、市の方針に対して再考を求める住民の署名運動も起こるなかで市の方針は撤回されました）。

　備前市の方針は特異な例ですが、マイナンバーカード取得に対して商品券を進呈するなど自治体独自の優遇策を講じる事例も複数みられます。政府も新型コロナウイルス感染症対応地方創生臨時交付金等を活用して自治体独自のポイント給付を支援する自治体マイナポイント事業を推進しています。2023年2月26日時点での登録自治体は40団体となっています（自治体マイナポイントのウェブサイトを参照。https://c.g2b2c.paymentsjapan.or.jp/municipality.html）。

3)　地方交付税算定におけるトップランナー方式と情報システム関連経費

　2016年度および2017年度において、住民情報関連システム（戸籍住民基本台帳費）、税務関係システム（徴税費）および福祉関連システム等（包括算定経費）にトップランナー方式が適用され、情報システムのクラウド化を前提とするよう経費水準の見直しが行われました。

144

デジタルを活用した地域の課題解決や魅力向上に向けた事業を行う地方公共団体に対し、その事業の立ち上げに必要な経費を支援。
- 従来のデジタル田園都市国家構想推進交付金の基本的な制度設計は継続し、
- マイナンバーカードの普及促進など政府の重要施策を推進する観点から、新たなメニューや優遇措置を講じる。
- KPI（デジタル実装1000回団体等）の達成に向けて、潜在的なターゲットを掘り起こすボトムアップ支援等を講じる。

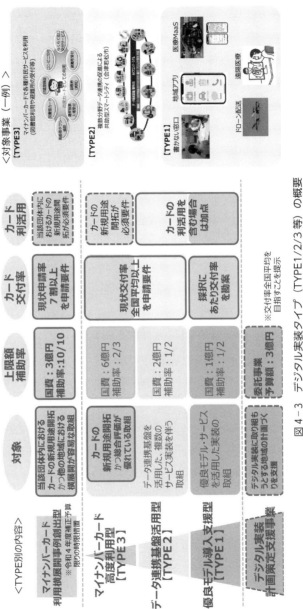

図4-3 デジタル実装タイプ（TYPE1/2/3等）の概要

出所：内閣官房・内閣府「デジタル田園都市国家構想交付金」。

146

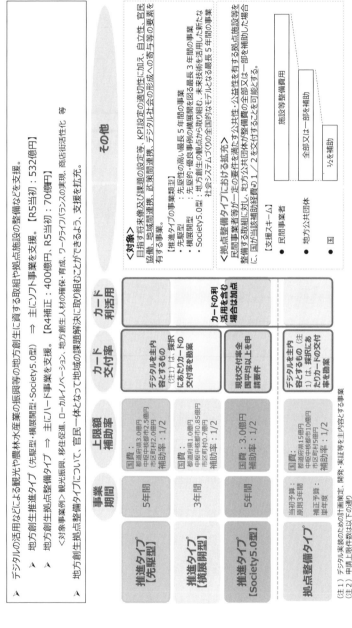

図4-4 地方創生推進タイプ／地方創生拠点整備タイプの概要（先駆型・横展開型・Society 5.0型）

出所：図4-3に同じ。

その結果、見直し前と比べて約 25% 経費が引き下げられました。交付税のトップランナー方式は、クラウド導入自治体が 2016 年度で 50% 弱にとどまっていたにも関わらずクラウド化を前提に交付税の経費水準を引き下げることは、標準的な経費を保障すべき交付税の役割から逸脱するものです。なお、2020 年 4 月時点でのクラウド導入市区町村は 7 割強となっています（総務省資料による）。

3　自治体のデジタル化関連予算と取組み事例をみる

(1)　京都府における DX の推進と情報システム標準化・共同化[7)]

　京都府は 2000 年代から市町村とシステム共同化を進めており、2007 年には文書管理システムの運用が開始され、2008 年には共同電子窓口サービス（施設予約・電子申請等）および統合型 GIS（地理情報システム）の全面的運用が開始されるとともに、基幹業務支援システム（住民基本台帳・税業務系）の運用が開始されました。

　2009 年度からは府と市町村との業務共同化のフェーズに入り、2009 年には京都地方税機構を設立し、2010 年から共同徴収を開始、また基幹業務支援システム（福祉系）を運用開始しています。さらに 2012 年には法人関係税の共同課税が開始され、2017 年にはセキュリティクラウドの運用を開始しています。[8)]

　京都府が府内市町村との基幹業務システム（住基・税務・福祉）の共同化を進めるにあたり、カスタマイズをしないことを原則としつつも、市町村が維持を求めるカスタマイズを認めており、その代わりに市町村は基幹業務支援システムベンダーに対してカスタマイズ導入経費および月額保守料（導入経費の 1%）を負担することになりました。カスタマイズ導入経費が 2 億円であったとすれば、保守料はカスタマイズに係る分だけで年間 2400 万円になります。[9)]

基幹業務システム関係のカスタマイズにおける独自施策に係わる分はコストとしては主要なものではなく、市町村がローカルベンダーに委託して構築してきた独自の業務フローや便利機能などに係るものが大半だとおもわれます。これらのカスタマイズはガバメントクラウドに移行する際に解消されなければならないことになるでしょう。また、独自施策に係るカスタマイズがガバメントクラウドにおいてどうなるかは不透明な状況です。

(2) 京都府長岡京市における情報システムと共同化[10]

京都府と市町村とのシステム共同化の際、特に市独自のカスタマイズを維持した自治体が長岡京市です。情報システムは、2015 年度に京都府との共同システムへ移行しました。図 4 - 5 は長岡京市における情報システム関係経費決算額の推移をみたものです。2014 年度は共同システムへの移行準備経費がかかったため決算額が上昇しています。また、情報システム関係経費は共同システムへの移行前と比べると高い決算額が続いています。その主な要因は市独自のカスタマイズを維持したことにあります。

システムにおけるカスタマイズは独自の業務フローや便利機能等に係るものと独自施策に係るものがあります。そのうち主要部分を占めるのが独自の業務フローや便利機能に係るカスタマイズです。長岡京市の場合もその種のカスタマイズが大半を占めます。

また、京都府とのシステム共同化における独自施策に係るカスタマイズとして以下があります。市民課で受付時に就学通知書を出力（ワンストップのため）、70 歳以上訪問事業、敬老祝品等贈呈事業、もの忘れ健診事業（対象者抽出処理のみ）、人間ドック・脳ドック受診券発行等業務（国民健康保険業務・後期高齢者医療保険業務）。

京都府システム共同化にのらず、独自事業などで市に残っている主

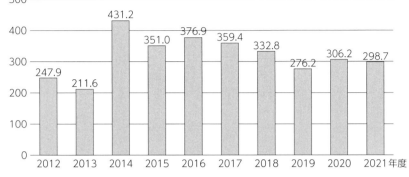

図4-5 長岡京市における情報システム関係費決算額の推移

出所：京都府長岡京市。

な業務システムとして以下があります。住宅使用料システム（市営住宅の使用料等を管理するシステム）、衛生（くみとり）手数料システム、学校教育システム（学齢簿・就学事務・就学援助事務）、放課後児童クラブシステム、下水道統計システム。

　これらは元々の汎用機にあったシステムで共同化システムにないため、独自で再構築したシステムであるといいます。

　さらに京都府との共同化に含まれない「障害福祉システム」「健康管理システム」における独自施策がかなり多く存在します。そのうち障がい福祉事業は以下があります。障がい者の有料道路を利用する際の料金の割引に関する事務、障がい者の放送受信料の免除に関する事務、障がい者の生活行動範囲の拡大及び社会参加の促進のためのタクシー料金等の助成に関する事務、診断書料の助成に関する事務、軽度・中程度の難聴の児童の補聴器の購入又は修理に要する費用の助成に関する事務、住宅改造に係る費用の助成に関する事務、福祉機器の購入又は取付けに係る費用の助成に関する事務など。

　また、健康管理事業として以下があります。Hello Baby 教室、離乳

食教室、10 か月児教室、1 歳 3 か月歯の教室、2 歳 3 か月児相談、肝炎ウイルス検診、胃リスク健診、整形相談会、長寿健診など。

以上の点からみて情報システムの共同化に関して、共同化にのらない独自システムや独自施策の存在をみておかねばならないことがわかります。

(3) 長野県飯田市における DX の推進と情報システム経費[11]

長野県飯田市を例にシステム関連事業費の決算データをみると、図 4−6 のとおりです。飯田市の情報システム関連の経費は情報主管課であるデジタル推進課が把握するだけでもおよそ 2 億円余りがベースとなっており、そこに各担当課による独自システム導入・維持費や年度によっては臨時的経費がプラスされる構造になっています。2016 年度はネットワーク分離への対応による経費増があり、2020 年度はパソコンの整備、2021 年度は基幹システムの更新費用による経費増がありました。

飯田市は 2022 年 1 月に基幹系システム（マイナンバー利用事務系）を更新し、その際、ベンダーを変更しています。システム更新とベンダー変更を機会として、カスタマイズをできるだけしない方針のもとで各部課においてこれまでのシステムの見直しを行っています。それによるコスト軽減が期待されています。また、2020 年度、コロナ対応でペーパーレス化も進めており、またマイナポータルを活用して 26 項目の行政手続きのオンライン化も進めています。さらに、文書管理システム、電子決裁システムの導入の検討と合わせてテレワークも推進しています。

なお、飯田市は DX への取組み体制の強化として 2022 年 4 月、デジタル推進課（庁内システム管理担当と行政・地域 DX 担当）を発足させています。

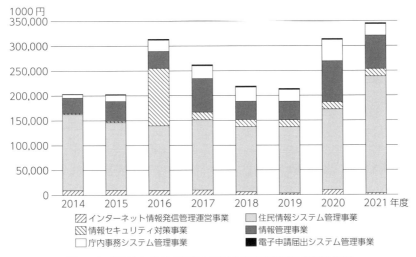

図4-6　飯田市における情報システム関連事業費決算額の推移

出所：長野県飯田市。

　今後、飯田市のような地方都市においてガバメントクラウドへの移行や官民データ連携などがどう取り組まれ、経費がどうなるか注目されます。

(4)　長野県上田市における DX の推進と情報システム標準化・共同化[12)]

　上田市の現在のデジタル化の取組みは2021年3月に策定された上田市スマートシティ化推進計画（2021年度～2025年度）に基づいて進められています。上田市の計画の特徴は、第1に基本戦略として①市役所業務のスマート化、②まちの魅力を高めるデジタル化、とともに③地域企業の技術を有効活用することが掲げられていることです。

　第2に、市の目指すスマートシティのコンセプトとして　①技術を優先するのでなく、課題を解決するために技術を活用する（課題オリエンテッド）の考え方をとることや、②スモールスタートで取組み、段階的に分野間の連携と全体の最適化を図るという進め方（個別最適

から全体最適へ）をとっていることです。

　第3に、計画策定のプロセスに公民連携によるボトムアップな検討を重視した点です。37項目の行政デジタル化の課題とともに29項目の地域課題を設定し、民間企業や団体、および関係課による懇談会を数多く開催し、課題を抽出するとともに、課題解決のために先進技術を取り込んでいくプロセスをとっています。さらに行政課題と地域課題を合わせた66項目の課題に即して個別施策推進プロジェクトチームを地域企業、金融機関、関係団体、大学および市の関係課によって形成し、取組みを進めています。また、市として66項目ごとに工程表を策定しています。

　上田市のDXの取組みは、課題オリエンテッドでかつボトムアップのプロセスを重視していることが注目されます。

4　行政デジタル化と財政の問題点、課題

(1)　行政デジタル化に関する問題点・課題

　第33次地方制度調査会では、DXが地域社会や地方行政にプラスの影響をもたらす可能性についての認識やDXの進展と地方自治との関係、国・地方関係、自治体相互間の関係について議論がなされました。2022年4月の第3回専門小委員会では地方団体からは以下のような意見がだされました。

　まず、デジタル化と自治体の自主性・独自施策との関係について、「行政事務の効率化を図るためのデジタル化の進展により、行政事務のあり方に関する裁量の余地がなくなり、地方の自主性が損なわれることを懸念」（全国知事会）、「自治体独自の施策についても継続実施していくため、ガバメントクラウド上に構築できるよう考慮する必要がある」（全国市長会）といった意見がだされました。また、全国町村会の

荒木泰臣会長からは「デジタル化推進と集権化への影響について、これまでの専門小委員会でも発言があったようでございますが、絶対にそのようにならないよう」と釘を刺す発言がありました。

1) 経費削減と職員削減は可能か

行政デジタル化の主なねらいの一つが経費と職員の削減です。政府が策定した「デジタル社会に向けた重点計画」（2021 年 12 月）では以下のように目標を設定しています。

「統一・標準化の効果を踏まえ、地方公共団体の情報システムの運用経費等については標準化基準に適合した情報システムへの移行完了予定後の令和 8 年度［2026 年度］までに、平成 30 年度［2018 年度］比で少なくとも 3 割の削減を目指すこととする。また、国の削減目標は令和 7 年度［2025 年度］までに令和 2 年度［2020 年度］比で 3 割削減であることを踏まえ、削減目標の更なる上積みを目指す。」

以上の経費削減目標を達成するために、各自治体において情報システムの標準化の前提としての業務改革の実施が求められ、カスタマイズが極力抑制されることになります。

カスタマイズ抑制によって経費の 3 割削減が標準的経費としてみなされるようになれば、情報システム経費 3 割削減を交付税算定に反映させることが予想されます。こうして国による地方一般財源保障の水準を落とすことが目指されるでしょう。

しかし、地方団体から以下の意見が出されていることに留意が必要です。「デジタル技術に慣れていない住民への配慮のため、特に導入期においては行政サービスをデジタル・アナログの両面で提供することが不可避であり、必ずしも行政の負担減につながらないことに留意が必要」（全国知事会）。

また、それだけでなく、先に自治体の事例でもみたように、ガバメントクラウドに乗らない自治体独自のシステムが残ることから経費削

減を過大に期待すべきではありません。

2）　ベンダーロックインと地域の事業者への影響

　行政デジタル化において懸念されるのがベンダーロックインです。これまで自治体がローカルベンダーに委託して独自の情報システムを構築してきたという事情から特定のベンダーへ委託が固定化してしまう問題が生じていました。そこには特定のベンダーにさまざまな機能を要求し、実装させることによる高コスト化という問題とともに、その自治体行政のやり方にそったシステムを運営できるというメリットもありました。

　こうした状況に対して、国が推進するガバメントクラウドは情報システムの標準化を前提としますので、各自治体のカスタマイズを担ってきたローカルベンダーの固定化の要因を取り払う効果があります。ガバメントクラウドでは、標準化された仕様書を前提としたガバメントクラウドに複数の事業者がアプリを構築し、競争することになります。

　確かに標準化された仕様書をもとにしたガバメントクラウドは経費の効率化をもたらすことが期待されますが、問題もあります。つまり、結局は大手事業者による寡占化がおき、分野ごとにベンダーが固定化しないかというおそれです。そうなれば、地域の事業者の淘汰のうえで大都市部の大手事業者による新たなベンダーロックインが起こり、地域経済への影響だけでなく中長期的なコスト増要因になるおそれがあります。

　この点について、第33次地方制度調査会第4回専門小委員会に提出されたデジタル庁の資料によると、デジタル庁ヒアリングで質問として「これまでの庁内システムを担ってきたベンダーによる標準化システムの開発は困難となり、標準化システムを開発した大企業ベンダーに頼ることになり、新たなベンダーロックイン、あるいは市場の寡占

につながらないか」が出されました。それに対してデジタル庁は「ガバメントクラウドが提供する共通的な基盤や機能を活用しながら、アプリケーションレベルにおいては複数の民間事業者による競争環境を確保して、ベンダーロックインによる弊害を回避するとともに、各ベンダーにおいては、自らクラウド基盤を整備することなく自社が開発したアプリケーションを全国展開する可能性が広がることとなると考えている」と回答しています。

　このことからみて、ナショナルベンダーとの競争においてローカルベンダーが淘汰されていけば、地域の情報産業の衰退につながるおそれは否定できないでしょう。

　この点に関して地方団体からは地域の事業者や人材への影響について以下のような懸念が出されました。「ガバメントクラウドに参入できる事業者が都市部に偏ると、地方から都市部へのデジタル人材の流出・偏在が懸念される」（全国市長会）、「新たなシステムの構築に当たっては、大都市部の事業者のみならず、地域の事業者も含めて参画できるよう配慮が必要」（全国知事会）。

3）　窓口や対面サービスの後退

　行政手続きのオンライン化は対面手続きによる住民の負担を軽減し、オンライン手続きによる利便性を享受できる点でメリットがあります。ただし、その一方で懸念される点として、オンライン化による対面申請等の減少により、これまで自治体職員が担っていた住民とのコミュニケーションにおける機能（相談対応、他部門・他機関へのつなぎ、アウトリーチ、施策へのフィードバック等）が失われるか弱まるおそれがあります。この点をどう補うのかが課題となるでしょう。

4）　自治体の独自の施策・サービスの抑制

　自治体独自の施策・サービスに伴うカスタマイズに対する抑制（総務省による自治体クラウド導入時における情報システム調達における

カスタマイズ抑制の基本方針およびガイドライン）は自治体独自の施策・サービスそのものの抑制へつながるおそれがあります。また、独自施策に関わるカスタマイズでない場合でも、自治体独自の業務フローなどのカスタマイズのなかに住民サービスの質にかかわるものがありえます、また、特に小規模自治体においては、財政制約からアプリの共同利用が促進されることが予想され、その際、独自施策・サービスの抑制が加速するおそれがあります。

　この点について、第33次地方制度調査会第4回専門小委員会に提出されたデジタル庁の資料によると、デジタル庁ヒアリングで質問として「自治体の独自政策は他の自治体や国の政策の先鞭となる例も多くあり、標準化対象の20業務も自治体独自の政策につながる情報を扱うものが多く含まれるが、独自施策を行うためのカスタマイズがどれくらい許容されるのか」が出され、それに対してデジタル庁からは「システムの統一・標準化の取組により、自治体の独自施策に制限をかけることはない。標準化対象事務の標準準拠システムは、ノン・カスタマイズを徹底することとしているが、例えば、独自施策に該当するサービスの設定を変更できる（いわゆるパラメータ処理）標準仕様書とすることや、標準準拠システムとは別にシステムを構築（いわゆるアドオン）し、API連携等により情報連携を可能とすることにより、独自施策を実現することが可能と考えている」との回答がなされました。この回答は、独自施策を維持することは可能としているものの、そのためのコストとそれをどう負担するかについては回答されていません。

5）　情報セキュリティ問題

　情報セキュリティに関しては、これまでLGWAN（総合行政ネットワーク）接続系、インターネット接続系およびマイナンバー利用事務系の三層の分離・分割を基本としてきましたが、マイナンバーの利用の拡大、クラウド化、オンライン手続、テレワークなどの利便性・効

率性の向上の課題に対応して、三層の分離・分割を見直す方針が出されています。

　重大なインシデントも発生するなかで、限られた人的資源のもとで、官民データ連携とマイナンバー制度の活用を優先するならば、個人情報保護リスクの増大への懸念が当然でてきます。こうした課題・懸念に関して注視していかねばなりません。

(2)　財政に係る問題点、課題

　ガバメントクラウドをめぐっては、従来システムからの移行における経費への財源措置は十分に講じられるのかという点があります。ガバメントクラウドへの移行におけるコスト増要因として、バックアップシステムの必要性があります。

　この点について、第33次地方制度調査会第5回専門小委員会に提出された「第3回専門小委員会における地方団体への追加質問及び回答」によれば、全国町村会から「システムの標準化・共通化や標準システムへの移行といった、自治体現場に大きな影響を及ぼす政策を進める際は、国の方針を一方的に押しつけるのではなく、移行に伴う負担や移行可能な時期など、それぞれの自治体で異なる事情に十分配慮し、現場の声を丁寧に聞いて、納得のいくかたちで進めていただくことが何よりも重要である」との意見が出されています。

　また、自治体システムにおいて独自施策を含むカスタマイズのなかには住民ニーズに適切に対応する観点から維持すべきものがあるとおもわれます。その点について、日本弁護士連合会からは、情報システムの標準化等に要する経費に加えて、カスタマイズに要する経費あるいは独自システムに要する経費に対する一般財源保障（交付税算定）が必要ではないかとの提言が出されています。[13]

　また、上でみたように大手事業者による新たなベンダーロックイン

が生じれば、中長期的なコスト増が起こるおそれがあります。これまで自治体クラウドの事例をみれば、ガバメントクラウドによるさらなるカスタマイズ抑制によって独自施策・サービスが抑制されるおそれがあります。特に財政力の低い小規模自治体ではカスタマイズ維持による財政負担増を避けるために、広域的なアプリ利用が進むなかでカスタマイズ抑制によって独自施策・サービスが抑制されるおそれが強いとおもわれます。

　また、ガバメントクラウドとカスタマイズ抑制に伴う経費削減が地方交付税算定に反映されれば地方一般財源抑制、自治体職員削減につながるとおもわれます。

　本来、デジタル化に伴う経費削減やオンライン化による業務負担軽減が実現したならば、それによって確保された財源や人的資源の余裕は住民に寄り添ったサービス向上に向けられるべきです。それゆえ、行政デジタル化による効率化を地方一般財源総額の抑制に安易につなげるべきではありません。

おわりに

　現在、日本の財政は公債残高の対 GDP 比が国際的にみて突出して高い状態にあり、財務省の審議会からは、金利を引き上げた場合の利払い費の大幅上昇が財政制約を強める可能性があることが指摘されています。また、フローでみると毎年度の公債発行額は 2019 年度までの数年間は 30 数兆円台で推移しており、それがコロナ禍の 2020 年度には 109 兆円、2021 年度も 58 兆円と膨張しました。以上のストックとフローの両面における大規模な財政赤字状況において、日米金利差の拡大下での円安が住民生活や地域経済に厳しく影響しているなかで、利上げに踏み切れず、出口の見えない状況が続いています。

そうしたなかでウクライナ戦争を奇貨とした防衛予算の倍増化の議論のなかで、2022 年 6 月の骨太方針では「防衛力を 5 年以内に抜本的に強化する」ことが盛り込まれ、2023 年度概算要求では約 5 兆 6000 億円の要求とともに、長距離弾の量産など 90 項目以上の事項要求が盛り込まれました。

政府の軍事費・経済安全保障関係経費の拡大を重視する財政運営のなかで、地方財政については地方一般財源総額実質同水準ルールが継続しており、本章で検討してきたように、自治体戦略 2040 構想研究会報告にみられる自治体行財政合理化のための行政デジタル化が推進されています。一方で地方行政のデジタル化はデジタル集権制の性格を強め、地方自治の基盤を揺るがす危険性を増しています。

デジタル化をめぐっては、デジタル集権制と地方行財政の合理化の道ではなく、地方一般財源の拡充を条件としながら、地域課題と自治の現場オリエンテッドでボトムアップなプロセスによる自治体のデジタル化や地域社会のデジタル化を進めるよう、抜本的な見直しが求められます。

[追記]

2022 年 12 月、2022 年度第二次補正予算、歳出総額 28.9 兆円が成立しました。今次の補正予算は物価抑制・負担軽減より特定の産業・企業支援の側面が強く、DX 関連も「新しい資本主義」における成長分野として位置づけられています。

補正予算のうちデジタル庁予算は 1213 億円が計上されています。また、内閣府の補正予算では「デジタル田園都市国家構想交付金」の創設 800 億円が計上されています。同交付金はデジタル活用による地方創生に資する拠点施設の整備などを支援するとされており、民間事業者の施設整備への支援も可能としています。

また、第二次補正予算ではマイナンバーカードの普及促進に630億円が計上されており、そのうち厚労省予算の「マイナンバーカードと健康保険証等の一体化に向けた取組」344億円、総務省の「マイナンバーカードの普及促進に係る対応策強化及び利便性の向上」199億円となっています。マイナンバーカードの健康保険証等との一体化に関して、紙などで発行されている健康保険証の廃止の方針が合わせて打ち出され、それに対する反対の声が高まっています。

　今回の第二次補正予算のDX関係で目立つのが経産省に計上された「ポスト5G情報通信システム基盤強化研究開発事業」4850億円です。総務省も「Beyond 5G（革新的な情報通信技術の研究開発推進のための恒久的な基金の造成）」に662億円を計上しています。

　総務省予算では、その他、「地域デジタル基盤活用推進事業」20億円、「デジタル活用支援推進事業」40億円などが計上されています。

参考文献

・日本弁護士連合会公害対策・環境保全委員会編（2022）『情報システムの標準化・共同化を自治の視点から考える』信山社。
・ショシャナ・ズボフ（野中香方子訳）（2021）『監視資本主義』東洋経済新報社。
・市橋克哉・榊原秀訓・塚田哲也・植松健一（2022）『コロナ対応にみる法と民主主義』自治体研究社。
・柏木恵「自治体のデジタル化と東京自治体クラウドの取り組み」『地方財務』2022年7月号。
・原田智（2022）「自治体から見た地方行政デジタル化の課題」日本弁護士連合会公害対策・環境保全委員会編（2022）『情報システムの標準化・共同化を自治の視点から考える』信山社。
・白藤博行・自治体問題研究所編（2020）『デジタル化でどうなる暮らしと地方自治』自治体研究社。
・本多滝夫・久保貴裕（2021）『自治体DXでどうなる地方自治の「近未来」』

自治体研究社。

注

1　Infrastructure as a Service。
2　Platform as a Service。
3　Software as a Service。
4　デジタル庁「デジタル社会の実現に向けて」第 33 次地方制度調査会専門小委員会ヒアリング資料（2022 年 3 月 10 日）。
5　柏木恵（2022）、4-5 頁。
6　総務省「令和 2 年度における地方公共団体が扱う申請・届出等手続のオンライン利用の状況」（2022 年 3 月 29 日）。
7　京都府と市町村との情報システム共同化については、京都府情報政策課へのヒアリング（2022 年 6 月 21 日）による。
8　この点については、原田（2022）を参照。
9　この点については、京都府内市町村担当課へのヒアリングによる。
10　長岡京市の情報システムに関しては、長岡京市デジタル戦略課へのヒアリング（2022 年 7 月 22 日）および提供資料による。
11　飯田市の情報システムと DX の取組みについては、飯田市デジタル推進課へのヒアリング（2022 年 6 月 30 日）および提供資料による。
12　上田市の情報システムと DX の取組みについては、上田市政策研究センターおよび情報システム課へのヒアリング（2022 年 6 月 24 日）および提供資料による。
13　日本弁護士連合会「地方公共団体における情報システムの標準化・共同化に関する意見書」（2021 年 11 月 16 日）。

あとがき
──情報技術の活用を市民本位に進める自治体の創造

　情報技術は日々、進歩しています。それを市民本位に活用すれば市民生活の向上に寄与します。政府や自治体が情報技術の発展をどのような政策として展開しようとしているのか、それがどのような問題を持っているのか、情報技術の発展をどのように活かすべきか等については本書で述べたとおりです。そのような内容的側面を考えると同時に、情報技術の発展を市民本位に活用するためには、市民本位に活用しようとする自治体を創らなければなりません。あとがきでは、そのような自治体の創造をどのように展望すべきかを考えます。

自治体のあり方が問われている
　第211国会が2023年1月から開催されています。国会では「GX脱炭素電源法案」が審議されていますが、原発の運転期間を60年以上可能にする内容などが含まれており「原発推進法」と言えます。福島の事故から学ばず、国際的に進んでいる脱原発、再生可能エネルギーの流れに背を向け、地域とその将来に新たな負担を強いるものです。また、マイナンバーカードと健康保険証を一体化するための「マイナンバー法改正案」も審議されています。昨年の12月にデジタル田園都市国家構想総合戦略を策定し、自治体を総動員して、生活と地域のデジタル化を一気に進めようとしています。市民をこのデジタル化の流れにはめ込むのがマイナンバーカードで、それを強権的に進めるのが今回の改正です。さらに、「防衛財源確保法案」の審議が始まっています。政府は今後5年間で43兆円もの軍事費拡大を進めようとしており、その財源確保を進めるための法案です。軍事費を確保するため4つの

方法が示されていますが、そのうちの一つは歳出改革で、これは医療、福祉、教育予算の削減に他なりません。このようなことが進められると、自治体が進めている医療、福祉、教育施策に深刻な影響が出るでしょう。今回の国会をみていますと、地域と市民生活はさらに厳しい状況に置かれるのではないかと危惧します。

このような中で自治体は市民福祉の向上、地域経済の発展に全力を注ぐべきですが、必ずしもそのような状況にはなっていません。大阪府・大阪市が提出していたIR（カジノ）整備計画を政府は4月14日に認定しました。大阪府・大阪市はカジノを誘致することで大阪経済の活性化を進めようとしていますが、このような施策は地域経済にとってマイナスなだけでなく、ギャンブル中毒者の増加など市民生活に深刻な影響を与えるでしょう。残念ながら大型公共事業に依存して地域経済を活性化しようとしている自治体も少なくありません。その一方で、医療、福祉など市民の生活を支える予算の削減を進め、子どもの減少を理由に学校の統廃合を強行している自治体も多くあります。また、各種公共施設への指定管理者制度導入、保育所の民営化、水道の広域化・民営化なども進められ、行政の公共性が問われています。

自治体が本来の役割を顧みず、政府が進める政策に乗じて地域を作り変えようとしています。このような自治体をそのままにしておいて、情報技術の発展だけは市民本位に展開できるというのは幻想です。さまざまな施策を市民本位に展開するような自治体の創造が、情報技術の発展を市民本位に展開するための必要条件です。

地方政治を巡る状況

2023年の統一地方選挙が終わりました。9つの知事選挙、6つの政令市長選挙などがありました。2015年の安保法制以降、国政レベルでは立憲野党の共闘が一定進んでいましたが、現在はやや困難な状況に

直面しています。野党共闘は安保法制に反対することから始まりましたが、それにとどまらず、新自由主義的な政策の見直しまで踏み込み、現在の政権に代わる選択肢を国民に示しました。

　地方政治レベルでは、国政ほど共闘は広がっていませんでしたが、それでもいくつかの知事選挙、市長選挙等では立憲野党の共闘が成立していました。その状況をみます。

　過去12年間の知事選挙を3期間に分け、政党の組み合わせ別に6つに分類したのが**図1**です（与党、野党というのは現在の国政レベルでの与党、野党を意味します）。6分類は以下の通りです。

　A【与野党相乗り】：与野党相乗り vs 共産、与党 vs 共産

　B【保守分裂】：保守 vs 保守 vs 共産（分裂した保守の一方に野党がつく場合あり）

　C【3極】：与党 vs 共産を除く野党 vs 共産

　D【野党共闘】：与党 vs 野党共闘

　E【維新公認】：維新公認 vs それ以外

　F【その他】

この12年間で1番多いのはA【与野党相乗り】で、63.8％→55.3％→42.6％と変化しています。A【与野党相乗り】とB【保守分裂】を足しますと、74.4％→70.2％→59.6％と変化し、6割から7割を占めています。C【3極】は減少しています。2009年〜2012年は民主党政権であり、国政レベルでは、自公 vs 共産を除く政党 vs 共産が成立していたからです。しかし、2015年以降は減少しています。D【野党共闘】は、8.5％→21.3％→27.7％％に増加しています。

　野党共闘が成立するということは、現行の地方政治のどこに問題があるのか、選挙を通じて地方政治を根本的に変える主体を市民に示すということです。今回の統一地方選挙でも、野党の共闘が一部の地域ではみられましたが、先に書いたような自治体の状況を、大きく変え

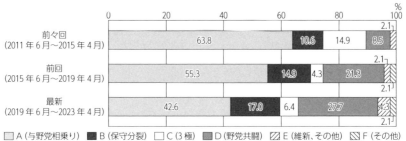

図1　知事選挙の構図

出所：各種資料から筆者作成。

ていくような動きにはなりませんでした。そのため、現在の国政や地方政治に不満を持つ市民にとって、不満を解決する主体を見いだしにくく、投票率の低迷、右派的な「改革」政党の伸張に繋がったと思います。

野党共闘が勝つための条件

　2022年6月に東京都杉並区長選挙がありました。この選挙では、新人の岸本聡子氏（立憲、共産、れいわ、社民、生活者ネット推薦）が現職を破って当選しました。前回の区長選挙の投票率は32％、今回は37.5％で、投票率が5.5ポイント上がりました。この2回の区長選挙で男女別、年齢別で投票率がどの程度増えているかをみたのが**図2**です。この図から大きく2つのことが分かります。一つは、60代を除くすべての年齢層で、女性の上昇率が男性の上昇率を上回っていることです。もう一つは、男女とも最も上昇しているのは20代、次いで30代という点です。20代の女性は45.6ポイントも投票率が上昇しています。この女性と若者の投票率上昇が岸本氏の勝利に繋がったと思います。

　大阪では2015年5月に大阪都構想を巡る住民投票が実施され、維新

166

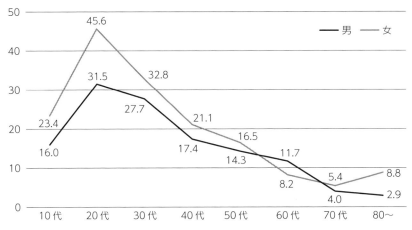

図2　杉並区長選挙（2018年→2022年）性別・年齢別投票率比較

出所：杉並区選挙管理委員会「選挙の記録、平成30年6月24日執行、杉並区長選挙」、同「選挙の記録、令和4年6月19日執行、杉並区長選挙」。

が進めてきた大阪都構想が否決されました。その同年11月に大阪市長選挙があり、維新の公認候補が当選しました。これらの投票率ですが市長選挙は50.5％、住民投票は66.8％でした。そこで、男女別、年齢別に住民投票の投票率が市長選挙の投票率と比べ、どの程度高いかをみたのが図3です。この図も先の図2と同じで、すべての年齢層で女性の上昇率が男性を上回っています。また、一番高いのは20代、次いで30代だということも同じです。20代の女性は82.8ポイントも高くなっています。市長選挙と比べ、住民投票では投票率が高く、それが大阪都構想の否決に繋がったと思われますが、特に女性と若者の投票率上昇が大きく寄与していると思います。

　さらに大阪では2020年11月に大阪都構想を巡る2回目の住民投票が実施され、再び都構想が否決されました。その前年の4月に大阪市長選挙があり、維新の公認候補が当選しています。図3と同じように、市長選挙と比べ住民投票の投票率がどの程度上がったかを男女別、年

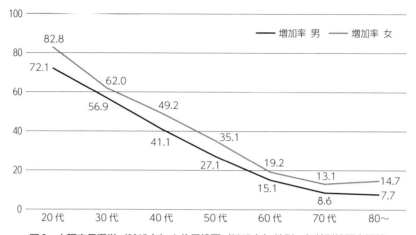

図3　大阪市長選挙（2015年）と住民投票（2015年）性別・年齢別投票率比較

出所：大阪市「平成27年11月22日執行、大阪市長選挙における年齢別投票行動集計表」、大阪市「平成27年5月17日執行、特別区設置住民投票における年齢別投票行動集計表」。

齢別にみたのが**図4**です。以前の2つの図と同じように、80代を除きすべての年齢層で女性の上昇率が男性を上回っています。また、20代の上昇率が一番高く、30代が二番目です。

　図3だけやや図の形が異なりますが、それは2015年には10代に投票権がなかったためです。もし10代に投票権があれば同じような形になったと思います。

　結局、これら3つの投票から言えることは、投票率の上昇が地方政治を変える条件であり、そのポイントは女性と若者の投票率上昇だということです。

　では、なぜ投票率が上昇すると地方政治が動くのでしょうか。それは今まで地方政治に不満を持っていた市民、地方政治の間違いを理解した市民が、それを是正できる主体、方向性を認識し、投票したからです。つまり、投票率が上がるということは、地方政治を変えたいという票が増えることを意味します。それに対して、今の地方政治にお

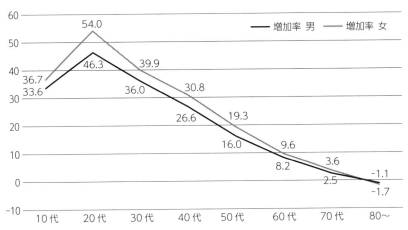

図4　大阪市長選挙（2019年）と住民投票（2020年）性別・年齢別投票率比較

出所：大阪市「令和2年11月1日執行、大阪市を廃止し特別区を設置することについての投票に
　　　おける年齢別投票行動集計表」、大阪市「平成31年4月7日執行、大阪市長選挙における
　　　年齢別投票行動集計表」。

おむね満足し、今の状態を維持したいと考えている市民は、すでに選挙に行き、自らの意思を表明しています。繰り返しになりますが、「地方政治を変える条件＝投票率の上昇」、投票率上昇の鍵は「女性と若者」です。

新たな自治体の創造に必要な取組み

　地域における諸問題は、政府が進めてきた新自由主義的な政策、それに呼応して進めてきた自治体の政策に根源があります。そのため、それを変えるためには、政府の政策を変えることと、自治体の政策を変えること、この両者を統一的に進めなければなりません。そこでまず重要となるのは、市民が感じている生活上の不満がどの政策によってもたらされているのか、解決するためにはどのような政策に変えなければならないのか、これを分かりやすく示すことです。

次に、誰が現状を変える政策を実施する主体かということです。それは地方における野党共闘です。野党がバラバラでは、現状を打開する主体が市民からみえません。確かに地方政治と国政は異なります。政党の組み合わせを機械的に進めても事態を打開する力にはなりません。国政レベルでの野党共闘を軸に、地域の実情に応じた主体のあり方を考えるべきです。

　そして現状を変える政策とそれを実施する主体、この２つを市民、とりわけ女性と若者に伝える方法です。都構想を巡る住民投票では路地裏作戦などさまざまな試みが展開されました。また2023年4月に実施された杉並区議会議員選挙では、岸本区長に賛同する候補者が党派を超えて一堂に集まり街頭演説する「合同街宣」が行われました。従来の取組みを進めつつ、女性と若者に届く新たな取組みが求められます。

　現状を変える政策、その政策を実施する主体、その両者を市民とりわけ女性と若者に伝える方法、この３つが整ったとき、地方政治が動きます。急速に進む情報技術の発展を市民本位に活用するため、それが実現できる自治体を以上のような視点で創造すべきです。

　2023年5月

中山　徹

著者紹介（執筆分担順）

岡田知弘（おかだ・ともひろ）
京都橘大学教授、京都大学名誉教授。専門は地域経済学。
著書等　『わたしたちの地方自治—主権者のための自治体を求めて—』自治体研究社、2022 年、『地域づくりの経済学入門［増補改訂版］—地域内再投資力論—』自治体研究社、2020 年、『震災からの地域再生—人間の復興か惨事便乗型「構造改革」か—』新日本出版社、2012 年、など。

中山　徹（なかやま・とおる）
奈良女子大学生活環境学部教授、自治体問題研究所理事長。専門は都市計画学、自治体政策学。
著書等　『子どものための保育制度改革—保育所利用者減少「2025 年問題」とは何か—』自治体研究社、2021 年、『人口減少時代の自治体政策—市民共同自治体への展望—』自治体研究社、2018 年、『人口減少と地域の再編—地方創生・連携中枢都市圏・コンパクトシティ—』自治体研究社、2016 年、など。

本多滝夫（ほんだ・たきお）
龍谷大学法学部教授。専門は行政法学。
著書等　『自治体 DX でどうなる地方自治の「近未来」—国の「デジタル戦略」と住民のくらし—』（共著）自治体研究社、2021 年、『地方自治法と住民　判例と政策』（共編著）法律文化社、2020 年、『辺野古訴訟と法治主義—行政法学からの検証—』（共編著）日本評論社、2016 年、など。

平岡和久（ひらおか・かずひさ）
立命館大学政策科学部教授。専門は財政学、地方財政学。
著書等　『学校統廃合を超えて—持続可能な学校と地域づくり—』（共編著）自治体研究社、2022 年、『新型コロナウイルス感染症と自治体の攻防［コロナと自治体 1］』（共編著）自治体研究社、2021 年、『人口減少と危機のなかの地方行財政—自治拡充型福祉国家を求めて—』自治体研究社、2020 年、など。

デジタル化と地方自治
　　―自治体 DX と「新しい資本主義」の虚妄―

2023 年 5 月 25 日　　初版第 1 刷発行

著　者　岡田知弘・中山　徹・本多滝夫・平岡和久

発行者　長平　弘

発行所　㈱自治体研究社
　　　　〒162-8512 東京都新宿区矢来町 123　矢来ビル 4 F
　　　　TEL：03・3235・5941／FAX：03・3235・5933
　　　　https://www.jichiken.jp/
　　　　E-Mail：info@jichiken.jp

ISBN978-4-88037-754-4 C0036　　　　　印刷・製本／モリモト印刷株式会社
　　　　　　　　　　　　　　　　　　　　DTP／赤塚　修

医療DXが社会保障を変える
──マイナンバー制度を基盤とする情報連携と人権

稲葉一将・松山洋・神田敏史・寺尾正之著　　定価1210円

マイナンバー制度を基盤とする国民の個人情報と、医療機関がもつ電子カルテなどの医療情報や各種健診情報を連携させる仕組みづくりが始まっている。医療DXと言われるこの「改革」は、社会保障制度や医療の現場をどう変えるか。

デジタル改革とマイナンバー制度
──情報連携ネットワークにおける人権と自治の未来

稲葉一将・内田聖子著　　定価990円

「マイナンバーカードの交付申請」が強力に進められている。なぜ、そこまでの促進策が必要なのか。マイナンバーカードとマイナポータルを中心とする情報連携の拡大で、住民と自治体や公共サービスのあり方の変質を追う。

保育・教育のDXが子育て、学校、地方自治を変える

稲葉一将・稲葉多喜生・児美川孝一郎著　　定価1100円

保育・教育の枠を超えて、こどもの個人情報が利活用されようとしている。すでに保育の現場では、こどもの情報がテック企業に集積されている。こうした現実を捉えて、デジタル政策が子育てと公教育、地方自治にもたらす影響を検証。

デジタル改革と個人情報保護のゆくえ
──「2000個の条例リセット論」を問う

庄村勇人・中村重美著　　定価990円

デジタル改革関連法の成立により、住民の個人情報は利活用する方向に舵が切られた。自治体の条例も国の法律に合わせて「改正」を強いられ、その監督権限も国に一元化される。自治体は住民の個人情報をどう守ればよいのか。

自治体DXでどうなる地方自治の「近未来」
──国の「デジタル戦略」と住民のくらし

本多滝夫・久保貴裕著　　定価935円

急速に進む国のデジタル戦略は個人情報保護条例のハードルを下げ、自治体の情報システムの標準化も迫っている。国のデジタル戦略の実際と、それに対応する自治体DXの内容を分析して、地方自治の観点からあるべき改革案を考える。

デジタル化でどうなる暮らしと地方自治

白藤博行・自治体問題研究所編　　定価1540円

自治体は国のデジタル端末になってしまうのか。しかし、大規模な情報漏洩の危惧や、国民・住民の自己情報コントロール権など課題も多い。戸籍・税務・健康保険など自治体の事務にそって、行政デジタル化の具体的な課題を考察する。